AF498072

DERECHOS HUMANOS

Un camino hacia la pacificación

DERECHOS HUMANOS
Un camino hacia la pacificación

Julio Cabrera Dircio

editorial **fontamara**

MONTABER

Colección: Argumentos

Derechos humanos. Un camino hacia la pacificación
1.ª edición (2020), Editorial Fontamara, SA de CV, México, ISBN 978-607-736-636-2
2.ª edición, octubre 2024

© Julio Cabrera Dircio
© Editorial Fontamara, SA de CV
© de esta edición, ICG Marge, SL

Edita: Montaber
Director editorial: David Soler
Brutau, 160 – 08203 Sabadell (Barcelona)
Tel. 931 429 486 – montaber@montaber.es
www.montaber.es

ISBN: 978-84-10238-44-2

Prólogo

En un sentido estricto, prologar una obra es redactar un escrito previo a la obra misma, lo que representa un compromiso intelectual para el elegido, pero más representativo es, el privilegio que ha brindado el autor a quien esto escribe para acompañarle en el interior de un texto, que nos revela que el reto de la pacificación implica; más que un análisis, un actuar con los compromisos generados por la evolución del derecho; nos muestra la cara de un activismo jurídico que nos hemos negado a ponderar; y que encuentra su asidero en la necesidad de superar el conflicto sin la mirada tradicional y construir a partir de la era de los derechos humanos.

A nuestro admirado amigo y compañero de cátedra el Doctor Julio Cabrera Dircio nos une, además de una añeja amistad, el interés por seguir impulsando desde la academia el trabajo a favor de los derechos fundamentales, que hoy constituyen materia constitucional de nuestro país a partir de junio de 2011, fecha en que se rompió el paradigma del Estado como lo conocimos; es decir, de ese Estado arrogante que nos otorgaba derechos, casi como una graciosa concesión; hoy la circunstancia es distinta, hay un acotamiento importante que mantiene a raya al despotismo y que comienza a dibujar a una incipiente, pero contundente, corte constitucional.

A la luz de estos hechos y saltos jurídicos nacen distintas formas de abordaje de los conflictos, siendo la base de esa nueva mirada los derechos humanos, mismos que le otorgan un rasgo más humano y menos frío a la resolución de nuestros diferendos, que son parte fundamental de una sociedad viva, de una diversidad del pensamiento y del actuar, pero que encuentra en estos medios alternativos una solución pronta y expedita, cumpliéndose el fin de la justicia; no precisamente por las vías tradicionales, que no únicas.

El texto es atrayente desde su inicio, en sus primeras páginas nos presenta al *Estado* en su definición tradicional, aquella decimonónica que todos alcanzamos a entender en el aula de clases, definiendo sus funciones y vinculándolo ampliamente con el Derecho, binomio indisoluble e indiscutible en nuestros tiempos. No deja atrás los compromisos que el Estado, ya gobierno, tiene con la legitimación de su poder social a partir de su organización, de su orientación social y de su –principalmente– intervención como ese tercero ajeno a la conflictiva social que provee de certeza a su comunidad al convertirse en el gran resolutor o resolvedor. De ello dan cuenta los análisis que al paso hace el experimentado Doctor Cabrera Dircio, cuando analiza esos comportamientos a la luz de corrientes que se imbrican entre lo político y lo jurídico. Nos referimos al abordaje que se hace del liberalismo democrático que da cuenta de las democracias deliberativas, de la participación ciudadana, llevándonos a la comprensión de conceptos de mayor amplitud en el espectro del derecho, como la democracia misma; ese gran experimento social que se nos presenta como un producto inacabado, de ahí que se perfecciona, como bien lo perfila el autor, con estas nuevas formas de presencia de la sociedad en los rumbos de la justicia.

En esencia el trabajo investigativo, nos coloca firmemente ante la necesidad de ajustar nuestras expectativas de justiciabilidad a la teoría de los derechos humanos, que tienen como base la dignidad del ser, recordándonos que no somos un medio sino un fin; por ello no es gratuito que el libro apele a que sean los derechos fundamentales el faro que guíe la pacificación en una sociedad convulsa por su propia complejidad; pero más por la falta de acceso a la justicia; por el ahogamiento que padecen miles de justiciables en los tribunales, ya no digamos en las fiscalías como primer punto de contacto entre el Estado y el ciudadano, cuando este último padece la violación a su esfera jurídica.

La obra también expone casos y datos para recordarnos que, no toda la pacificación depende de juzgados o fiscalías, pues nos remite a reflexionar más allá de los conceptos jurídicos, y que existen medidas para construir esa Cultura de Paz a través de la educación y el desarrollo sostenible; es decir desde el ámbito económico y social, del respeto a los derechos humanos, del andamiaje social, de la igualdad entre hombres y mujeres, de la participación democrática y de la transparencia de los gobiernos. Conceptos que en el contexto actual en el que se presenta esta magnífica obra parecieran estar a discusión, como si nuevamente se estuvieran obsequiando por parte del gobierno y no reconociendo como inherentes al ser humano y a una sociedad democrática.

Finalmente debo destacar que en este cuerpo de ideas, reflexiones, análisis comparados con lo que acontece en otros sistemas jurídicos; teorías, doctrinas, corrientes, casos emblemáticos como el de Rosendo Radilla, se consideran opciones para la pacificación, siendo sus especies o figuras las del mediador o facilitador, que son sin duda, el futuro para un buen manejo del conflicto; un camino alternativo para la justicia que deberemos tomar con la seriedad que implican los actuales tiempos, agitados tanto en lo social, lo político y lo judicial.

Jorge Arturo Olivarez Brito

Capítulo I
El Estado

Desde la antigüedad hasta este momento la figura del Estado representa, sin duda, la aspiración de una sociedad donde, con base en su organización, se vean reflejadas aquellas actividades que por su propia naturaleza deban ser propuestas para resolver las necesidades siempre cambiantes de una población que busca resolver gran parte de sus satisfactores, y con ello generar la confianza y tranquilidad que siempre son necesarias.

Platón decía que, al construir con el pensamiento un Estado, "Sus fundamentos estarán constituidos, evidentemente por nuestras necesidades. Ahora bien; la primera y más grande de ellas, ¿no es la nutrición, de que depende la conservación de nuestro ser y de nuestra vida? Sí, la segunda necesidad es la de la casa; la tercera la del vestido. Y cómo podrá abastar nuestro Estado sus necesidades".[1]

Esta organización *supra* es, sin duda, muy compleja para construir un modelo que pueda dar solución a todas las demandas de los grupos sociales que quieren vivir de manera organizada; para Hobbes,[2] la causa final de los hombres (que naturalmente aman la libertad y el dominio

---

[1] Platón, *Diálogos. La República o de lo justo,* 27ª edición, México, Porrúa, Colección Sepan Cuantos, núm. 13b, 2001, p. 38.

[2] Hobbes, Thomas, *El Leviatán,* México, Fondo de Cultura Económica, 2006, p. 137.

sobre los demás), al introducir esta restricción sobre sí mismos (formar el Estado), es el cuidado de su propia conservación y, por añadidura, el logro de vivir una vida más armónica.

Para la teoría política liberal, todos por naturaleza somos iguales, todos hemos nacido libres y por lo tanto todos tenemos derecho a ser felices y para lograrlo estamos en las mismas condiciones de libertad e igualdad, que son los valores defendidos por la tradición liberal, tomando en cuenta que la libertad de cada uno de buscar la felicidad sólo es legítima si no interfiere en la búsqueda de la felicidad de los otros.[3]

Un Estado afín al ser humano deberá contar con una serie de elementos integradores que busquen salvaguardar sus derechos más preciados, como la vida, su integridad física y todo aquello que se relacione con su persona, donde el incremento de las necesidades sea resuelto de manera prudente y suficiente de los satisfactores para vivir de manera digna.

La función social del Estado debe responder a la necesidad humana y aspirar a una función justa, donde al aplicar criterios humanos se busque una conciencia moral, basada en la colaboración y cooperación para ordenar rectamente la vida social, donde la justa relación de sus miembros sea reconocida por la propia comunidad como lo valioso del grupo.[4]

Uno de los grandes problemas que enfrentamos en la actualidad es que, con la llegada de la modernidad, se están perdiendo en el actuar de la sociedad ciertos valores, pues vemos como cada día a pasos agigantados crece la corrupción y la impunidad, y cualquier degradación moral nos es permitida con tal de lograr ciertos objetivos personales.

Podemos ilustrar con la integridad la importancia de los valores en las relaciones humanas. Para Anthony Downs,[5] la *integridad* es una virtud indispensable en la sociedad porque debe haber una coherencia entre lo que se dice y lo que se hace, para que las relaciones interpersonales sean eficientes y transparentes, ya que la comunicación es más fácil en una sociedad de hombres veraces que en una de mentirosos.

[3] Patrici, Nicolás, "La intolerante tolerancia", en *Política y verdad*, Franzé, Javier, Abellán, Joaquín (eds.), Madrid, España, Plaza y Valdés, 2011, pp. 85-98.

[4] Heller, Hermann, *Teoría del Estado*, México, Fondo de Cultura Económica, 2017, pp. 278-279.

[5] Downs, Anthony, *Teoría económica de la democracia*, España, Aguilar, 1971, p. 116.

Montesquieu siempre pensó que, con su teoría de la división de poderes, iba a encontrar un equilibrio cuando el poder judicial fuera evaluado por el poder ejecutivo o por el poder legislativo y viceversa, en ese sistema los pesos y contrapesos garantizarían que las funciones, atribuciones y competencias, al ser reguladas por un ordenamiento jurídico, respondieran a los intereses de la sociedad en su conjunto, y que la actividad de la autoridad elegida por los ciudadanos fuera encauzada hacia el bien común.

La adquisición de virtudes con la predisposición a obrar bien que se va conquistando a lo largo de la vida y que formará el carácter de la persona la conduce al propósito o fin de la vida humana, que es la felicidad y poder gozar de una vida digna, con la convicción de que, para poder acceder a ella hay que descubrir y entender que debemos realizar aquellas actividades que son propias del ser humano.[6]

La dignidad en el ser humano se ve favorecida cuando existe el reconocimiento de unos con otros en cada una de sus formas de ser, actuar, y pensar; buscando siempre que cada uno de los que interactuamos fijemos como un bien superior el respeto, o más bien el autorrespeto que parte de su forma de ser y de aquellos elementos que nos llevan a establecer un comportamiento acorde con las actividades de cada uno, pero en conjunto.

La sociedad y el Estado deben estar gobernados por una serie de valores supremos que nos lleven necesariamente a buscar una coexistencia armónica de la sociedad para que se genere una justa convivencia humana, y estas las encontraremos en los medios que se utilicen para buscar los valores sociales y políticos que son una de las grandes aspiraciones de los ideales de la sociedad.[7] Ideales que nosotros encontramos desde el carácter inseparable que tienen la protección de la vida, la libertad y la propiedad, y su exigencia de respeto a ese organismo *supra* denominado Estado, pero sobre todo los límites de su actuación buscando siempre ese binomio Estado-sociedad donde al final podamos encontrar la armonía que es tan imprescindible en el interactuar bajo un principio básico del respeto.

---

[6] Cortina, Adela, *¿Para qué sirve realmente...? La ética*, España, Paidós, 2018, pp. 32, 33.

[7] Serra Rojas, Andrés, *Teoría del Estado*, México, Porrúa, 12ª edición, 1993, pp. 354, 355.

La función del Estado

Pensar en la función del Estado nos lleva a las acciones y estas necesitan tener algún motivo, de este modo, y partiendo del derecho natural, el Estado se forma de las voluntades individuales; por lo tanto, es una institución que va a estar destinada a la satisfacción de los fines de los individuos, en los que se ven reflejados los ideales de la sociedad en la toma de decisiones y donde los individuos forman parte de los órganos de dirección.

La división tradicional de las funciones del Estado es la ejecutiva, la legislativa y la judicial; de esta manera, le corresponderán al poder ejecutivo todos los actos relativos a la administración pública; al legislativo, velar por que exista un marco jurídico que sea acorde con la realidad social y que sea respetuoso de las libertades, y el judicial se encargará de que exista un Estado de derecho, en el que los operadores jurídicos generen confianza y la armonía necesarias para su buen funcionamiento.

Esta visión del Estado nos lleva de manera directa a la doctrina del *bien común* (en latín: *bonum commune*) que engloba al bien (estar) de todos los miembros de una comunidad hacia el interés público, donde la premisa fundamental es el bien de todos encaminada de manera directa a la satisfacción de sus necesidades, respetando sus derechos y cumpliendo sus deberes.

El Estado como una forma de organización de la sociedad y que da nacimiento a un organismo *supra* que se va a encargar de realizar las funciones que se necesiten para lograr el bienestar de quienes ahí habitan, necesita de una serie de políticas públicas que vayan ligadas primero a su supervivencia y a su desarrollo con base en ciertas reglas para generar la armonía, que siempre es indispensable en cualquier grupo social.

Para Luhmann,[8] la función del Estado debe estar encaminada a la toma de decisiones que se vinculan colectivamente para resolver los problemas sociales, orientada la toma de decisiones por una racionalidad política singular con sus propios criterios de éxito e incluso sus propias sanciones, respetando el proceso general de las libertades de que deben gozar los integrantes de los diferentes grupos sociales, como pautas ante el problema real del orden público.

---

[8] Luhmann, Niklas, *Los derechos fundamentales como institución*, México, Universidad Iberoamericana, 2010, pp. 87, 88.

Una de las principales doctrinas que explican la función del Estado es la del bien común, que nos lleva a pensar cómo generar la armonía que requiere una sociedad organizada, realizando actividades que, entre otras cosas, aporten satisfactores que beneficien las condiciones generales de sus ciudadanos y compartan su interés por el bien de la comunidad, y con ello, su supervivencia.

Para Álvarez Caperochipi,[9] la función principal del derecho es defender la vida, la libertad y la propiedad de las personas, y para ello es necesario contar con: *a*) un sistema de justicia público, *b*) un ordenamiento jurídico que respete la unidad y la universalidad del derecho, *c*) un sistema que identifique a los órganos de gobierno y su administración, *d*) vigencia, temporal, territorial y personal, que darían un sistema de derecho que cree fe y confianza al núcleo social por aplicar.

Desde el punto de vista de la función del derecho y su objeto principal, que es regular la conducta externa del individuo, en este momento no se ha logrado que realmente contemos con un sistema efectivo del derecho cuyo desarrollo y perfección nos lleva a la exigencia de la justicia, una necesidad para el correcto equilibrio de la sociedad, y lograrlo es algo necesario porque de ello depende el sano desarrollo de quienes cohabitamos en un determinado grupo social.

Estado y derecho

En cualquier tipo de sociedad se debe establecer un mecanismo que sea respetado por todos; de esta manera, para Jellinek,[10] la doctrina calvinista entre Dios y su pueblo se ve reflejada en el contrato social, en el cual sin distinción la participación de todos es indispensable; un ejemplo de lo anterior es el caso de los ingleses llegados a América, cuando acuerdan un contrato para la colonia con el que se prometen mutuamente fundar una comunidad, instituir la autoridad y obedecerla.

Así se establece una comunidad de personas organizada donde el respeto a sus libertades se fundamente en aquellas acciones que no nada más van a garantizar la supervivencia, sino una vida basada en la dignidad de

---

[9] Álvarez Caperochipi, José, *Introducción al derecho*, España, Comares Editorial, pp. 11-13.

[10] Jellinek, George, *Teoría general del Estado*, México, Fondo de Cultura Económica, 2004, pp. 460, 461.

las personas y donde ese organismo *supra* llamado Estado, debe fundamentar su actuación buscando siempre tomar las mejores decisiones en su actuar, para que se vean reflejadas en una sociedad dispuesta a participar en ellas.

En cualquier organización de individuos, por mínima que sea, debe haber un orden y ciertas reglas; de estas, para Hart, hay reglas primarias que van a generar derechos, pero también deberes y reglas secundarias que, al aplicarse, deben crear cierta seguridad en el ser humano por el operador jurídico, y juntas tendrán como fin principal generar armonía dentro de los grupos sociales que cohabitan en un determinado lugar.

El *Derecho* es un conjunto de reglas que tratan de regular la conducta humana y para ello es necesario establecer que existe una gran variedad de reglas cuya aplicación nos lleva a buscar la funcionalidad del derecho; así, encontramos reglas religiosas, morales, costumbres sociales, reglas de cortesía y algunas otras que van a hacer del derecho un elemento con el que, al interactuar, se busque lograr que los sujetos participen de manera preventiva.[11]

Función del derecho

El ser humano, por su propia naturaleza, es un ente social que día con día convive con otros seres humanos y para que esto sea llevado con orden es necesario compartir objetivos comunes, de estos surgen ciertas reglas para controlar los diferentes tipos de conductas, y las pautas a seguir buscando en el seno del grupo humano, que se consideran necesarias para el establecimiento de un modelo de organización social donde colaboren todos.

El derecho trata de encontrar la forma de regular la conducta externa del individuo y de esta manera generar una convivencia armónica, pacífica, y busca que las acciones justas sean las que guíen las relaciones que se produzcan entre las personas. Para González Vicén,[12] "Todo grupo que quiera transformar la mera coexistencia en verdadera convivencia humana necesita una serie de cánones de conducta, es decir, de normas o

---

[11] Prieto Sanchís, Luis, *Apuntes de teoría del Derecho*, España, Trotta, 2015, pp. 13, 14.

[12] González Vicén, Felipe E., *Estudios de Filosofía del Derecho*, España, Facultad de Derecho de la Universidad de la Laguna, 1979, p. 365.

esquemas que digan en cada situación cuál ha de ser el comportamiento de los miembros del grupo respecto a los demás".

El derecho busca, entre otras cosas, construir un mecanismo que genere orden en la existencia social, donde los modelos de comportamiento se reflejen por sí mismos y traten de regular las diversas formas de la vida humana y que tengan una relación directa con sus diversas dimensiones y sus diferentes contextos, ideologías e intereses, que a su vez van a generar otros tipos de conflictos en los grupos sociales.[13]

El comportamiento humano de la sociedad se ve reflejado desde el punto de vista de la satisfacción de sus necesidades y así encontramos que en la observación de estos fenómenos están ciertas respuestas en sus diferentes organizaciones, pues es un hecho que la sociedad está ligada a manifestaciones de poder, y este es un poder de cohesión que mediante su aplicación tiene a las partes unidas con el todo y sus intereses comunes constituyen el vínculo social.

El derecho por su propia naturaleza es un sistema social complejo, pues el mismo hombre necesita de la cooperación de los otros seres que persigan los mismos intereses maximizando su participación, y donde los diferentes tipos de funciones deben coincidir para buscar que en su aplicación práctica pueda legitimarse en la colectividad y en sus conductas sociales, que van a generar la identidad cultural para que la norma tenga un carácter eficaz y duradero.

Desde el punto de vista del ser humano, los valores son, sin duda, un elemento esencial que llevan al razonamiento práctico del hombre, así como la capacidad humana donde se ven reflejados con aumentar la simple voluntad práctica, tal como los concibe el hombre en sí mismo; por lo tanto, la acción práctica de la vida humana se encuentra en aquellas formas de creación que le dan vida a una mayor cohesión. Nietzsche concluye diciendo: "Atreveos a creer en vosotros mismos".[14]

Según la mayoría de los doctrinarios, y en particular para Peces-Barba,[15] las funciones del derecho son las siguientes:

[13] Peces-Barba, Gregorio; Fernández, Eusebio; De Asís, Rafael, *Curso de teoría del Derecho*, 2ª edición, España, Marcial Pons, 2000, pp. 17-19.

[14] Nietzsche, Friedrich, citado por Frey, Herbert, *Nietzsche. Eros y occidente*, 1ª reimpresión, México, Porrúa/UNAM, 2005, pp. 140, 141.

[15] Peces-Barba, Gregorio; Fernández, Eusebio; De Asís, Rafael, *Curso de teoría del Derecho, op. cit.*, pp. 47-58.

a) Función de orientación social.
b) Función de integración o control social.
c) Función de tratamiento y resolución de conflictos.
d) Función de organización social.
e) Función de legitimación del poder.

Función de orientación social

Respecto a la función de orientación social, lo que el derecho mande o prohíba son orientaciones que van educando a la sociedad en un determinado modo de actuar y pensar; aunque las condiciones de aplicación describan comportamientos de las personas, han de referirse a la realidad social imperante, y aunque son actos complejos sólo adquieren importancia específica contemporáneamente, y su juego se basa en la necesidad o conveniencia de los entes sometidos al derecho.

Bunge al hacer un análisis del cambio evolutivo nos dice:

> Hoy, como ayer, el humanismo es pensamiento, actitud y acción que sirven al hombre. Pero hoy el individuo humano sólo puede ser servido por la colectividad, y a su vez esta es esclarecida y servida por aquellos individuos que saben algo, actúan rectamente, no se resignan a perpetuar el abismo entre la realidad y el ideal y no se dejan manipular, pero, al mismo tiempo, no rehúyen a su responsabilidad para con la colectividad.[16]

Todo sistema normativo dota a los ciudadanos de un ordenamiento jurídico que se encarga de encontrar un orden en la forma en que se conducen las personas y hace un análisis de las posibles consecuencias jurídicas del comportamiento de estas, y su orientación principal radica en que ese comportamiento sea el adecuado en la sociedad en la que interactúa y esto permita que se oriente la actividad de manera que exista reciprocidad en su aplicación.

[16] Bunge, Mario, *Ética y ciencia*, 3ª edición, Argentina, Siglo XXI Editores, 1982, p. 92.

Función de integración o control social

Una de las finalidades del derecho es establecer un orden social que coadyuve al mejor desarrollo de las capacidades; por tanto, la norma nos ayudaría a generar acciones tendientes a la colaboración y la cooperación que servirían para buscar la cohesión y prevenir los conflictos, con base en el autorrespeto, y donde todos obtengan algún beneficio que les genere compromisos que, de manera colectiva, puedan ser encauzados.

Según Weber,[17] el derecho es un sistema que cuenta con dos subsistemas: uno de ordenación e integración del ordenamiento jurídico y otro de resolución de conflictos, pero cuando falla uno el otro no puede suplirlo, por ser un conjunto de relaciones entrelazadas con un solo fin, que es el de brindar seguridad y certeza jurídica, y que de forma dinámica se tienen que ir adecuando de acuerdo con las circunstancias que van prevaleciendo en los grupos sociales en los que se pretende aplicar, generando la convicción de que el sistema jurídico y la autoridad responden a sus necesidades sociales y que va orientado a un derecho racional y formal.

Para Rawls,[18] en términos justos la cooperación social, entre ciudadanos libres y considerados iguales que reúnan los requisitos del reconocimiento público, sus instituciones deben estar bajo escrutinio público, pues cuando se construye un concepto con estas características son plenamente justificables los arreglos sociales básicos, pues los ciudadanos puedan dar razón de sus creencias y de su conducta los unos a los otros.

En esta relación, la función que cumple el derecho como integrador de las personas y grupos sociales es lograr que tanto los derechos como las obligaciones sean cumplidos por todos, buscando siempre el consenso de las partes en un esquema de unidad en el cual el equilibrio haga que todos participen para evitar comportamientos prohibidos y donde el derecho encuentre su fortaleza en la misma sociedad ordenada.

---

[17] Weber, Max, *Economía y sociedad. Esbozo de sociología comprensiva*, Título original: Wirtschaft und Gesellschaft. Grundriss der Verstehender Soziologie, Traducción de: José Medina Echavarría, Juan Roura Farella, Eugenio Ímaz, Eduardo García Máynez y José Ferrater Mora, 2ª reimpresión, México Fondo de Cultura Económica-España, 2002, pp. 508, 604.

[18] Rawls, John, *Liberalismo político*, 4ª reimpresión, México, Fondo de Cultura Económica, 2003, p. 83.

Gran parte de los doctrinarios coinciden en afirmar que: la función de control social es la más importante para guiar la conducta, que va a ser la que encause las demandas de satisfactores; aunque los medios que se utilizan siempre serán, o bien, imponer deberes jurídicos positivos (obligaciones) o negativos (prohibiciones) a los individuos, sin olvidar que las reglas deben responder a las necesidades mismas de la sociedad.

Este control se debe legitimar y su justificación se obtiene racionalizándolo y organizándolo, desde su nacimiento hasta su aplicación práctica. Su legitimidad de origen se vincula con su nacimiento, y en el mundo moderno parte de la necesidad del consentimiento de los ciudadanos, donde las personas pueden ser electoras y elegibles, considerando que la base de su capacidad se evidencia desde el momento en que representan los intereses de los ciudadanos.[19]

Función de tratamiento y resolución de conflictos

El conflicto es un elemento que vive con el ser humano y por ello siempre está presente en cualquier actividad de las relaciones sociales; surge desde el momento en que quienes participan tienen algunas diferencias que los hacen actuar de manera distinta, a algunos con violencia, a otros con mucho tacto; la forma de actuar de quien piensa que tiene la razón puede ser de distinta naturaleza.

Nuestra reacción ante situaciones que generan el conflicto está íntimamente relacionada con lo que percibimos en nuestro entorno social. Como seres humanos, siempre partimos de una reacción instintiva, por diversos factores que nos llevan a la protección y salvaguarda de la integridad física, para protegernos ante cualquier acto adverso de supervivencia; sin embargo, es importante partir de que el conflicto está presente en todo momento y en cualquier lugar, que forma parte de nuestras actividades; es decir, tenemos que aprender de qué manera abordarlo para generar un proceso de enseñanza-aprendizaje para nuestro comportamiento futuro.[20]

---

[19] Peces-Barba, Gregorio; Fernández, Eusebio; De Asís, Rafael, *Curso de teoría del Derecho, op. cit.*, pp. 320, 321.

[20] Cabrera Dircio, Julio, *Estado y justicia alternativa. Reforma al artículo 17 constitucional*, México, Ediciones Coyoacán, 2012, p. 95.

El conflicto es visto desde la perspectiva de un proceso que recoge la secuencia de acciones y reacciones que, de manera recíproca, experimentan las partes, y durante su desarrollo encontramos las percepciones asociadas a sus fases en una acción interna contra un enemigo externo, pues el conflicto que parte de la violencia se encuentra íntimamente ligado a la capacidad humana y a su acción evolutiva.

Si lo analizamos desde el punto de vista jurídico, el derecho es un conjunto de reglas de conducta que tiene como un mínimo objetivo la supervivencia y conservación de un determinado grupo social, asignando a cada uno su propio poder, pero respetando el poder de los demás integrantes del grupo, partiendo de que el ordenamiento jurídico en su función de distribuidor y controlador del poder tiene su nacimiento en el poder de la sociedad, y que los cambios van a beneficiar o perjudicar precisamente a ellos.[21]

Tomando en cuenta que el mismo derecho crea los conflictos y abordándolos desde el punto de vista de los principios o valores constitucionales, para Barberis,[22] el conflicto en el derecho parte de dos elementos, y estos son las doctrinas éticas que se fundan en la moral y las doctrinas metaéticas en la política, que originan consecuencias prácticas, las cuales se ven reflejadas en el procedimiento jurídico en la resolución de conflictos.

Si nosotros partimos de que el conflicto da origen al proceso, y este existe por el no orden, pues si existiera orden no tendría razón de ser el proceso; el conflicto forma parte de la acción evolutiva del ser humano y, al no encontrar la manera de abordarlo positivamente, es una fuente que genera problemas sociales que hacen que el derecho no cumpla con esta función, razón por la cual el conflicto social día con día sigue creciendo.

De esta manera el procedimiento de solución de conflictos puede ser reconstruido, según Barberis, con tres pasos, la interpretación, la ponderación y la subsunción:

1. *La interpretación.* Que parte del órgano de administración de justicia en la toma de decisiones, sobre todo porque tiene que aplicar normas heterónomas y para ello deben ser interpretadas.

---

[21] Bobbio, Norberto, *El problema de la guerra y las vías de la paz*, 1ª reimpresión, España, Gedisa, 2000, pp. 106-108.

[22] Barberis, Mauro, *Ética para juristas*, España, Trotta, 2006, p. 193.

2. *La ponderación*. Tomando en cuenta la elección de uno de ellos que servirá como parámetro del control de legitimidad constitucional, pues ella presupone una interpretación del conflicto entre dos principios o valores, cuyo resultado se ve reflejado en la praxis.
3. *La subsunción*. De esta manera la solución del conflicto entra al campo práctico, que nace a la luz pública en un procedimiento ético.[23]

Función de organización social

La organización social tiene su principal fuente en todas las personas que conviven en un grupo social, partiendo desde las estructuras primarias, que son las que le van a dar la cohesión y consistencia necesaria en el cambio evolutivo que se va presentando en el interactuar diario y que busca generar conductas y comportamientos afines a la consecución de la armonía que en toda organización plural debe existir.

Es claro que, en el principio de la evolución de los grupos sociales, no podemos hablar de reglas de comportamiento precisas, eficaces, legítimas; basta mencionar un principio de orden al desarrollar trabajos corporales para satisfacer necesidades comunes (alimento, refugio, etc.), o para obtener fines comunes (defensa, asentamientos, etc.) que, al ser observado por todos los participantes como un medio eficaz, floreció y se desarrolló, dando pie al incipiente principio de orden, que se refleja por un lado en la necesidad y por otro en el interés.

Desde el punto de vista del derecho, y partiendo de la pretensión de que todo ciudadano debe obedecer el derecho, estamos considerando al individuo sobre la base de su conducta de acuerdo con las prescripciones normativas; aunque un sistema jurídico se va a legitimar cuando llegue a la satisfacción de los ciudadanos y estos lo hagan de manera voluntaria o al menos reconozcan que están obligados a la obediencia del derecho,[24] donde los elementos del orden social son los hombres, las

---

[23] Barberis, Mauro, *Ética para juristas*, España, Trotta, 2006, pp. 195-197.

[24] Becker, Werner, "Los significados opuestos del concepto del consenso", en Garzón Valdés, Ernesto (compilador), *Derecho y filosofía*, 4ª reimpresión, México, Fontamara, 2008, p. 65.

circunstancias particulares ante las cuales cada uno de ellos reacciona son diferentes, pero afines aquellas que son conocidas para él. Sólo cuando las respuestas de los individuos muestran una cierta similitud, y obedecen algunas reglas comunes, se dará como resultado un orden general.

El hecho importante es que este orden será una adaptación a una serie de circunstancias que son sólo conocidas por ellos como miembros individuales, pero no como una totalidad para ninguno de ellos; y que semejante orden resultará sólo porque los individuos sigan reglas similares y estas respuestas serán a las circunstancias particulares conocidas para ellos.[25]

Aunque la persona lo identifica con el fin último del derecho, pues el marco normativo propenderá a establecer o a reconocer el orden social, que es la base para la subsistencia del ser humano en colectividad, resulta el objeto para el que se crea la estructura normativa, pues todo derecho tiende a la consecución de determinados valores fundamentales, como la justicia, la seguridad jurídica y el bien común, encontrando en el respeto mutuo y la aplicación de ellos una verdadera organización social.

La organización social del derecho nace de la obligación a obedecer el derecho y esta responde a que ese deber existe cuando hablamos de un derecho justo, porque le va a garantizar a la sociedad sus libertades para poder contar con el apoyo y consenso de la población. Eusebio Fernández, al hablar del *derecho justo*, entiende aquel "derecho que satisface las exigencias mínimas de legitimidad de origen y de ejercicio y que, consecuentemente, existe una obligación moral de obedecer al derecho cuando este ha sido elaborado contractualmente y, además, reconoce, respeta y garantiza el ejercicio de los derechos humanos fundamentales".[26]

Función de legitimación del poder social

Uno de los principales problemas del derecho es su legitimación, pues depende en gran medida de la aceptación o el rechazo de la sociedad,

---

[25] Hayek, Friedrich A., *Clases de orden en la sociedad*, Argentina, Libertas 36, Eseade, 2002, p. 16.

[26] Fernández, Eusebio, *La obediencia al Derecho*, España, Civitas, 1998, p. 72.

y para ello es necesario buscar el consenso de la ciudadanía, por lo que resulta de suma importancia establecer una serie de elementos de carácter político, económico y social que hagan predominar sobre todo el interés para la aceptación del orden jurídico y su aplicación de manera responsable.

Peces-Barba[27] considera al derecho como un mecanismo mediante el cual se logra la aceptación y el consenso en las decisiones políticas y de esta manera se les otorga legitimidad, así el poder se convierte en derecho mediante la existencia de normas jurídicas que establecen una serie de competencias y procedimientos antes de tomar decisiones, aunque algunos de manera directa lo hacen en los órganos de procuración y administración de justicia.

El derecho debe ser considerado como un conjunto de elementos que busca la armonía interna, que es necesaria para lograr su legitimación, la cual puede producirse con la existencia de la voluntad que en el derecho se encuentra. En las sociedades plurales la armonía de la voluntad política depende de la coincidencia de intereses y necesidades de los grupos político-partidistas predominantes que se encuentren en el poder.

Cualquier orden jurídico para poder legitimarse debe buscar el consenso de los ciudadanos, lo que quiere decir que el sistema jurídico habrá de satisfacer las necesidades de los ciudadanos para que su participación sea voluntaria. El orden jurídico tiene la característica de basarse en la aprobación, sin que sea coaccionado por el Estado, orientando la conducta de los individuos de manera responsable con base en el respeto de los textos normativos.[28]

Para que se pueda establecer un derecho legitimado debe responder a las expectativas de lo que espera la sociedad, desde el punto de vista teórico, pero también práctico, esto implica que los derechos y obligaciones sean para todos por igual y estén basados en elementos que hagan generar un comportamiento adecuado de los integrantes del grupo social y que esto se vea reflejado en la confianza de quienes interactúan.

[27] Peces-Barba, Gregorio; Fernández, Eusebio; De Asís, Rafael, *Curso de teoría del Derecho*, *op. cit.*, p. 57.

[28] Becker Werner, "Los significados opuestos del concepto del consenso", en Garzón Valdez, Ernesto (compilador), *Derecho y filosofía*, *op. cit.*, pp. 64, 65.

La coincidencia de justicia, validez y eficacia en una norma jurídica es; en gran parte, la medida de su legitimidad –encontrando a la justicia como un valor ideal, a la validez como un valor formal y a la eficacia como su cumplimiento práctico–[29] y al ser percibida por la sociedad como legítima es masivamente obedecida. El cumplimiento de una norma jurídica de manera habitual sin necesidad del recurso de la violencia suele ser prueba de que es percibida como legítima, pues su aceptación es sinónimo de que la sociedad concibe a la norma como propia, como suya, como un elemento que le va a dar seguridad y confianza.

Para que una norma pueda ser eficaz, primero debe ser válida y para ello en su construcción debe seguir el proceso que garantice que los órganos del Estado encargados de llevar el procedimiento lo ejecuten de manera adecuada y propicien la realización de la disposición, buscando que la eficacia de una norma se reflejé no sólo en el plano normativo, sino también en el social y material, para que haya correspondencia entre la norma y el hecho que nos dé como resultado la funcionalidad del derecho. Así, será posible que la norma obtenga el consenso activo de sus destinatarios, que sea acatada y respetada de manera consciente sin necesidad de la intervención del Estado.

La validez de una norma jurídica la podemos encontrar desde tres puntos de vista según Alf Ross:[30]

1. Según el término usado en la corriente doctrinaria del derecho vigente que establece si un acto jurídico es válido.
2. En la teoría general del derecho, que indica la existencia de una norma o un sistema de normas.
3. Para identificar una cualidad específicamente moral, que le da fuerza obligatoria al derecho.

[29] Von Verdross, Alfred, citado por Bobbio, Norberto, *Teoría general del derecho*, España, Debate, 1991, p. 37.

[30] Ross, Alf, *El concepto de validez y otros ensayos*, 4ª reimpresión, México, Fontamara, 2006, p. 24.

Estado y democracia

Las raíces griegas *kratos* (mando, fuerza, poder) y *arjo* (mando, gobierno) han permitido componer voces como *democracia* y *aristocracia*, y podemos ver que, al tratar de darles un significado, la primera palabra podría definirse como darle el poder a un ente colectivo llamado pueblo, y la segunda, ceder el mando a un grupo de nobles que se encargarían de representar al poder.[31]

Al empezar a construir conceptos es importante hacer una serie de análisis que nos lleve a su aplicación práctica en un determinado territorio, pues, aunque hablamos de conceptos de tipo universal, su implementación debe adaptarse a determinados usos y costumbres que rigen en los lugares donde se pretenda aplicar, buscando de inicio la aceptación y participación de los grupos sociales radicados en la zona bajo ciertos principios básicos de convivencia.

En México la democracia es un concepto multívoco esencial en la forma de gobierno por su alto contenido ideológico, para Sartori es importante "darse cuenta de que cuando denominamos democracia a un sistema político libre, empleamos ese término para ser breves y que las abreviaciones dan lugar a simplificaciones amenazadoras y a omisiones. De la abreviación como una medida cómoda, la abreviación como la eliminación de veinticinco siglos de ensayo, correcciones e innovaciones no hay más que un paso".[32]

Es así como encontramos una serie de elementos que dan vida al nacimiento de instituciones que a través de la historia nos enseñan de qué manera podemos encontrar un sistema en el cual se reflejen las aspiraciones de los grupos sociales que cohabitan en un determinado territorio, que ayuden a generar confianza en la toma de decisiones que en una sociedad organizada se deben dar.

Al respecto Bobbio comenta que "las tipologías de las formas de gobierno pueden partir de una discusión señalada por Heródoto en sus *Historias*, entre tres personajes persas, Otanes, Megabyzo y Darío,

---

[31] Valadés, Diego, *El control del poder*, Argentina, UNAM/EDIAR, 2005, p. 33.

[32] Sartori, Giovanni, *Teoría de la democracia 2. Los problemas clásicos*, 2ª Reimpresión, México, Alianza, 1991, pp. 364, 365.

sobre la mejor forma de gobierno que debería ser instaurada en Persia después de la muerte de Cambises".[33]

En este debate cada personaje defendió una forma de gobierno y Otanes fue simpatizante del gobierno democrático de *isonomía*, y sostuvo:

> En cambio el gobierno del pueblo lleva en primer lugar el más bello de los nombres, *isonomía* (igualdad de derechos políticos); y en segundo lugar, nada hace de aquellas cosas que un monarca hace. Pues por sorteo se ejercen los cargos públicos, los magistrados son obligados a rendir cuentas del ejercicio del poder, toda decisión es sometida al voto popular. Propongo, pues, que nosotros rechacemos la monarquía para dar el poder al pueblo, pues todo es posible para el mayor número. Esta fue la opinión de Otanes.[34]

Ampliando la expresión *isonomía*, Sartori refiere:

> Obsérvese que el griego *isonomía* implicaba parcialmente el de *isopoliteía* (igual ciudadanía), y que el *isopolítes* era el ciudadano en tanto en cuanto se diferenciaba y se oponía al esclavo. La *isonomía*, en ese contexto, confería más que ninguna otra cosa un matiz diferenciador a la noción de ciudadanía.[35]

Así pues, Otanes visualiza una forma de gobierno popular que no llama democracia, pero sí tiene un sentido de igualdad que nace de la ciudadanía; por lo tanto, se refiere a la isonomía que implicaba el sentido de igualdad ciudadana, y la señala como una característica de esta forma de gobierno; asimismo, menciona que los cargos públicos se deben ejercer por sorteo; que los magistrados son obligados a rendir cuentas del ejercicio de sus funciones, y que toda decisión debe ser sometida al voto popular; en consecuencia, se concluye que configura los elementos que conforman la democracia.

Aristóteles (citado por Bobbio), complementa la información desde el punto de vista del bien común de la sociedad:

---

[33] Bobbio, Norberto, *La teoría de las formas de gobierno en la historia del pensamiento político*, 5ª reimpresión, Fondo de Cultura Económica, México, 1996, p. 15.

[34] *Ibidem.*, p.16.

[35] Sartori, Giovanni, *Teoría de la democracia, op. cit.*, p. 417.

Tenemos la costumbre de llamar *monarquía* al gobierno unipersonal que atiende al interés general, y *aristocracia* al gobierno de pocos [...] cuando se propone el bien común; cuando es el mayor número el que gobierna atendiendo al interés general recibe el nombre común a todas las constituciones *politia* [...] Las degeneraciones de las mencionadas formas de gobierno son: la *tiranía* de la monarquía, la *oligarquía* de la aristocracia, y la *democracia* de la *politia*. La tiranía, en efecto, es una monarquía orientada hacia el interés del monarca, la oligarquía hacia el de los ricos y la democracia hacia el interés de los pobres. Pero ninguna de ellas atiende a los intereses de la comunidad.[36]

De esta celebre discusión podemos rescatar los contrastes que nacen de la visión de cada uno de los participantes y donde cada uno, al exponer su punto de vista, da a conocer ciertas características que se deben de implementar para que puedan contar con una institución que favorezca en su instalación un conjunto de elementos que se deben respetar para encontrar una institución fuerte que cuente con el respaldo popular.

Rawls distingue a la igualdad, vista desde las libertades, a partir de tres elementos:

1. La garantía del valor justo de la libertad política, de tal manera que no sea sólo formal.
2. Una justa igualdad de oportunidades.
3. El llamado principio de diferencia, que prescribe que las desigualdades sociales y económicas inherentes a los cargos y puestos tendrán que ajustarse para que obtengan un mayor beneficio los integrantes menos privilegiados de la sociedad.[37]

La igualdad es, sin duda, un elemento que nos ayudaría de manera directa a buscar la pacificación que tanta falta hace a un país como México. Sin embargo, desde el punto de vista del positivismo jurídico, el Artículo 4 constitucional nada más habla de derechos, pero no habla de obligaciones, y no puede haber igualdad si no se habla de los deberes

---

[36] Bobbio, Norberto, *La teoría de las formas de gobierno en la historia del pensamiento político*, *op. cit.*, p. 34.

[37] Rawls, John, *Liberalismo político*, México, Fondo de Cultura Económica, 2003, p. 32.

que como mexicanos debemos de cumplir como entes responsables de las acciones que realizamos.

En este mismo sentido, el Artículo 31 sí habla de obligaciones, pero las sintetiza de tal manera que únicamente hace hincapié en el pago de impuestos de la fracción cuarta, mientras que las tres fracciones anteriores pasan inadvertidas y, por lo tanto, no son cumplidas, pues para la mayoría se ven como acciones optativas por realizar o, bien, no tienen gran relevancia para el Estado.

De la reflexión de Mario Santiago[38] podemos visualizar que "la igualdad requiere de reglas fijas porque durante su modificación, durante el proceso de valoración podría alterar las circunstancias". En caso contrario podríamos hablar de desigualdad y aquí intervienen otros principios rectores del procedimiento, como son la imparcialidad o, bien, la neutralidad.

La cantidad de reglas que nos pueden llevar a la igualdad fija en un escenario público debe ser mínima, para garantizar la máxima libertad fijada desde la autonomía de la voluntad de las personas, pues el aumento de lo público se ve reflejado en la disminución de lo privado y esto hace que se vaya generando más confianza en la actividad regulatoria del Estado de tal manera que en la toma de decisiones intervenga más la participación social.

De acuerdo con Juan Ramón de Páramo,[39] para "la generación de confianza se necesita una libre participación basada en la libre voluntad que promueva el sentimiento cívico necesario cimentador del capital social". La autonomía de la voluntad siempre se va a ver reflejada desde el momento en que cada individuo tome la mejor decisión consciente de que fue la mejor que pudo haber tomado en el momento de hacer la elección.

Naturalmente, estos principios nos llevan a buscar y encontrar al individuo en sus diversas manifestaciones partiendo de las necesidades que como personas son no sólo necesarias, sino también importantes para poder empezar a tomar decisiones que sean apropiadas para elegir la mejor

---

[38] Santiago Juárez, Mario, *Igualdad y acciones afirmativas*, México, Instituto de Investigaciones Jurídicas/UNAM, 2007, p. 15.

[39] De Páramo Argüelles, Juan Ramón, "Derecho, confianza y vulnerabilidad estratégica", en Betegón, Jerónimo y De Páramo, Juan Ramón (coordinadores), *Derecho, confianza y democracia*, España, Editorial Bomarzo, 2013, p. 41.

forma de vida y encontrar la armonía como un elemento que garantice sus expectativas de convivencia.

Formar la conciencia personal de una sociedad democrática supone la participación mediante el diálogo, generando la pertenencia mutua donde los derechos y obligaciones nacen del respeto a la dignidad, reconocimiento que pone los cimientos de una sociedad inclusiva en las relaciones humanas generando bienes básicos en busca de la felicidad.[40]

El individuo, por su sola calidad de persona humana, sin importar su rango, estatus, cualidades, patrimonio, sexo, raza, etc., debe participar en los asuntos de su comunidad y ejercer en ellos el poder político que le corresponde, buscando siempre ser incluido en la toma de decisiones que merezcan una leal integración en su forma de vida, dando una dimensión subjetiva y natural de las limitaciones al poder político.

En su obra, dice Rousseau que la soberanía no puede enajenarse jamás, pues es el ejercicio de la voluntad general; por lo tanto, no es posible que la representación sea representada por la misma razón de ser inalienable, partiendo de que la soberanía es la voluntad general y que a esta no se le puede representar; por lo tanto, esta voluntad nos lleva a generar un "pacto social que establece entre los ciudadanos una igualdad tal, que se comprometen todos bajo las mismas condiciones y, por tanto, que deben gozar todos los mismos derechos".[41]

Estas condiciones se deben tomar en cuenta en el establecimiento de políticas públicas que vayan encaminadas a buscar no nada más la participación ciudadana, sino que esta se dé bajo ciertas circunstancias en las que la igualdad sea un común denominador que nos lleve a motivar a quienes se encuentren interesados en este tipo de actividades a buscar un mínimo de beneficios que aporten una mejor calidad de vida.

Es importante distribuir de manera equitativa el poder sobre las decisiones que se pretendan tomar para generar los mecanismos necesarios que puedan producir los resultados correctos que, dentro del proceso político, tendrá consecuencias distributivas y participativas, las distributivas se van a establecer decidiendo qué son recursos públicos y cuáles privados, y en qué medida se van a compensar cuando alguna

---

[40] Cortina, Adela, *Aporofobia, el rechazo al pobre*, 2ª edición, Colombia, Paidós, 2018, p. 99.

[41] Rousseau, Jean-Jacques, *El Contrato Social*, México, 10ª reimpresión, Colección Austral, 2000, p. 64.

persona sufra un daño; las participativas surgen del carácter y la distribución de la actividad política misma.[42]

En México, los que son menos democráticos son los partidos políticos, pues estos responden más a intereses privados de grupos que a la sociedad, al grado de que, según el Latinobarómetro 2019, en quienes menos confían los latinoamericanos, y por ende en México, son los partidos políticos. Por lo tanto, para generar las nuevas condiciones de participación, es necesario repensar en qué medida los partidos políticos nos pueden ser de utilidad o bien seguir trabajando en candidaturas independientes.

Aunque una de las características propias de la globalización y de la modernidad es la pérdida de valores, que van encaminadas a formar una sociedad materialista donde son más importantes las cuestiones de los satisfactores económicos que aquellos que dan una formación más humana; en tanto que el reconocimiento de los unos con los otros de que todos somos iguales nos llevaría a mejores estratos en la convivencia diaria y por ende a la generación de menos conflictos.

Los actuales derechos de la humanidad suponen la existencia plural y la unidad cultural y espiritual del género humano en la afirmación de una ciudadanía cósmica donde los conceptos de dignidad de la humanidad y derechos del género humano permitan aproximarnos a la luz de la ética, donde la visión y aspiración parta del ser humano.[43]

Aceptar estos cambios requerirá que haya divergencias, que muchas veces el Estado de derecho sea distinto de la política, en la medida en que se cuente con una válvula de escape para plantear objeciones con la posibilidad de ser más sensibles con los ciudadanos, quienes de manera directa serán los beneficiados o afectados por esta toma de decisiones, ubicando a la persona como objeto y no como un sujeto racional.

Desde la perspectiva de la sociedad, la función del derecho es un orden complejo, pues su participación desde el punto de vista electoral está fuertemente estructurada desde el ámbito social, para Luhmann[44]

---

[42] Dworkin, Ronald, *Virtud soberana*, Barcelona, España, Paidós Ibérica, 2003, pp. 205-207.

[43] Dip, Ricardo, *Los derechos humanos y el derecho natural*, España, Marcial Pons, 2009, pp. 108, 109.

[44] Luhmann, Niklas, *Los derechos fundamentales como institución*, México, Universidad Iberoamericana, 2010, p. 251.

"[...] sirve para asegurar la interna diferenciación del sistema político en el proceso de comunicación política y en el proceso de llevar a cabo decisiones burocráticas".

Para Ulises Schmill,[45] la democracia supone la construcción de un modelo mínimo de la sociedad en su conjunto y la sustitución del conflicto por la argumentación, es un modelo que reduce la complejidad real, está limitado a la existencia del plano representativo y se ve reflejado con la participación ciudadana que al final será la quien lo legitime, pues en asuntos humanos bajo el supuesto de igualdad podemos medir el grado del conflicto según el número de votos que determina la fuerza de los participantes; ante más votos, mayor legitimidad y el conflicto será menor.

Participación ciudadana y liberalismo democrático

Liberalismo democrático

En México es importante empezar a caminar por los senderos de la liberación democrática, que nos lleve necesariamente a un proceso de adecuación a la realidad que vive la sociedad; es decir, un proceso en el que la participación directa de la sociedad se refleje en la toma de decisiones, este proceso puede tener su origen cuando un régimen como el nuestro pierde su legitimidad.

Así, encontramos que, de acuerdo con las últimas estadísticas del Instituto Nacional de Estadística y Geografía (Inegi), en materia de seguridad, de cada 10 mexicanos, 7 se sienten inseguros, y esa inseguridad, como podemos ver, no sólo habla de la seguridad pública, sino también de la inseguridad jurídica que cada uno de los mexicanos manifiesta al no presentarse a denunciar los delitos que son cometidos.

La participación de la sociedad civil se ha visto afectada por la desconfianza que se tiene en los actores políticos que nos representan; es muy común ver cómo los representantes populares, en lugar de cumplir con las promesas realizadas durante sus campañas de proselitismo

[45] Schmill, Ulises, *Origen de la normatividad, democracia y revoluciones*, México, Fontamara, 2009, pp. 90, 91.

32

electoral, se dedican a realizar actividades que van de la mano con la corrupción e impunidad, por el nepotismo, entre otras.

En este mismo sentido, la Organización para la Cooperación y el Desarrollo Económicos (OCDE), integrada por un grupo de 34 países productores de 60% de los bienes y servicios a escala global, de la que México forma parte, ha reprobado a nuestro país en los últimos meses en materia de políticas públicas aplicadas por la administración pública federal en los rubros de salud, educación y seguridad.

En mayo pasado la calificación aplicada en el *Índice de mejor vida* ubicó a México en el penúltimo sitio de los integrantes de la organización, únicamente por delante de Turquía.

En octubre, ese club de naciones que se autoproclaman democráticas y desarrolladas consideró a México como su integrante más inseguro, pues a partir de la tasa de delitos y homicidios registrados, el país obtuvo una calificación de cero.

Incluso los índices revelados por la OCDE colocaron a la República Mexicana en el último puesto en cuanto a educación, y en los más bajos sitios en los ingresos por habitante.

En el informe se resalta la necesidad y el interés crecientes de supervisar la calidad del proceso, la cual, según estudios realizados, es clave para garantizar entornos de aprendizaje estimulantes y de alta calidad. A menudo, las consecuencias de los resultados de supervisión incluyen llevar a cabo una inspección de seguimiento o asegurarse de que el centro y el personal resuelvan las fallas por medio de procesos de formación. En México, los resultados desfavorables de la supervisión pueden generar también recortes de financiamiento o cierre de los servicios en casos extremos.[46]

En el liberalismo democrático, por tanto, hablamos de dos premisas fundamentales que al final son dos exigencias que nacen del Estado contemporáneo: por un lado, limitar el poder del Estado con la finalidad de no generar un uso abusivo del poder, y por otro, la distribución, a fin de que la colectividad se vea representada en todas las acciones que se llevan a cabo para lograr el bien común.

---

[46] http://www.oecd.org/centrodemexico/medios/la-supervision-y-evaluacion-son-esenciales-para-mejorar-la-educacion-mexico.htm (consultada el 2 de noviembre de 2017).

Aunque también gran parte de estos problemas los vemos en los otros dos niveles de gobierno, el estatal y el municipal, donde la desconfianza de la sociedad surge de las acciones de gobierno que generan corrupción abusando del poder en el sector público para beneficio privado, aun en contra de la ley.

El maestro Tena Ramírez, en este mismo sentido, llega a establecer que: "La democracia moderna es resultante del liberalismo político, por cuanto constituye a la forma conciliatoria entre la libertad individual y la coacción social".[47]

A su vez, Hans Kelsen, nos dice que: "El Estado liberal es aquel cuya forma es la democracia, porque la voluntad estatal u orden jurídico es producida por los mismos que a ella están sometidos".[48]

El principio liberal tiene como fundamento la protección de una esfera de libertad individual, que le da la posibilidad al individuo de buscar su desarrollo personal, sin que personas ajenas puedan intervenir e interferir en sus opiniones, deseos y potencialidades, y esto le da la posibilidad de hacer uso de sus derechos civiles, políticos y exigir que sus necesidades básicas sean satisfechas en la medida que se puedan ejercer de manera eficaz sus derechos y libertades.

El principio democrático tiene su fundamento en el procedimiento para la adopción de las decisiones colectivas, buscando que se garantice en mayor medida la participación de todos los habitantes; el llamado a votar se hará sin distinciones para que quienes estén en posibilidades de ejercer este derecho lo hagan sin restricciones ni limitaciones, buscando la mejor organización, para un sistema de representación, donde los ciudadanos puedan ejercer periódicamente el control de sus gobernantes.[49]

Para hablar de una democracia liberal es necesario recuperar el sentido transformador, igualitario y participativo por el que se constituyó, y que, por tanto, supere esa visión actual utilitaria, formalista, minimalista y que muchas veces encubre las profundas desigualdades y exclusiones que experimentan ahora muchos grupos sociales alrededor del mundo.

[47] Tena Ramírez, Felipe, *Derecho Constitucional Mexicano*, 16ª edición, México, Porrúa, 1978, p. 89.

[48] Kelsen, Hans, *Teoría general del Estado,* 2ª reimpresión, México, Ediciones Coyoacán, 2008, p. 414.

[49] Ruiz Miguel, Alfonso, *Democracia y relativismo*, México, Fontamara, 2011, pp. 52, 53.

Se necesita de una democracia que dé respuesta a los nuevos retos tanto económicos, políticos, como sociales a los que día a día nos enfrentamos.

Bobbio, al hacer un análisis sobre las relaciones entre el liberalismo y la democracia, parte de que el Estado liberal no solamente es el supuesto histórico, sino también jurídico del Estado democrático, el Estado liberal y el Estado democrático son interdependientes con base en sus elementos; *a*) va del liberalismo a la democracia, pues son necesarias ciertas libertades para el correcto ejercicio del poder democrático; *b*) la que va de la democracia al liberalismo, ya que es indispensable el poder democrático para garantizar la existencia y la persistencia de las libertades, con la interrogante de cómo hacer posible la coexistencia de las libertades y la aplicación de reglas prácticas de conducta.[50]

Las democracias deliberativas

La reflexión es un elemento de suma importancia en la deliberación, pues siempre existirán acuerdos y desacuerdos entre los ciudadanos, y estos pueden ser, bien, de moral o de intereses y preferencias. En el caso del desacuerdo moral, para John Rawls son importantes las cargas del juicio, pues el modo en que se evalúa la evidencia es ponderando los valores morales y políticos de acuerdo con nuestra experiencia, en este caso de las preferencias y los intereses, son las teorías utilitaristas las que han permitido su diversidad, como en el caso de la elección económica o el de la elección política, dando por hecho que siempre se llega a los acuerdos por medio de la negociación de preferencia de intereses.[51]

La democracia no debe entenderse como un mecanismo para negociar intereses privados, es un mecanismo que nos lleva a privilegiar el diálogo en la voluntad racional de la formación democrática, y para que realmente funcione dentro de la misma sociedad es importante establecer redes de lenguaje para la deliberación con la participación, tomando en cuenta que son los intereses económicos de las personas y de los

---

[50] Bobbio, Norberto, *El futuro de la democracia*, México, 3ª edición, Fondo de Cultura Económica, 2001, pp. 126-129.

[51] Cortina, Adela, "Democracia deliberativa. ¿Una propuesta para el siglo XXI?", en Guerra, Alfonso, *La calidad de la democracia*, Madrid, España, Sistema, 2009, pp. 125-127.

grupos coordinados a través de un proceso democrático los que nos lleven a la resolución.

Existen tres condiciones que necesariamente se tienen que implementar para la deliberación y estas son: *a*) la reciprocidad, *b*) la publicidad y *c*) el compromiso de rendir cuentas.

La reciprocidad debe regular el uso de la razón pública; nos lleva a que cada miembro realice sus propuestas, pero también sus justificaciones y que los otros puedan entender y aceptar, buscando la participación de los demás miembros. La publicidad nos pide que cada miembro se comprometa libremente a entrar en este proceso personalmente o por medio de un representante, que toda la información llegue a todos los integrantes para que puedan emitir su opinión, y en el tercer supuesto, cada miembro es responsable y debe rendir cuentas a los demás de todas las acciones realizadas.[52]

Un principio básico para trabajar de manera conjunta autoridad y sociedad, y tomar decisiones comunes trabajando de común acuerdo desde el poder, es a través de la deliberación pública que nos permite con este procedimiento vincular y justificarse por el pueblo por estar ligado a él y que la información pueda ser socializada, confrontada y comparada desde el momento en que se inicia y su posible aplicación.

Es muy común que este principio se vea reflejado en el Estado democrático como una forma moderna de la política, y esta es una forma conocida más sensata, razonable y defensora de la dignidad humana que se ve reflejada en los derechos humanos y en sus dos grandes dimensiones, una dimensión material que nos sitúa en la perspectiva axiológica, valores, principios y derechos, y la dimensión formal que al vincularse se complementan en la constitución de estos principios que conectan lo político con lo jurídico.[53]

Desde la Ilustración hasta este momento no se puede concebir la democracia sin que estén garantizadas las libertades civiles y políticas de la sociedad, pues el avance de la justicia depende de que no se sigan cometiendo las injusticias; y si las hay, que estas se puedan denunciar

---

[52] Cortina, Adela, "Democracia deliberativa. ¿Una propuesta para el siglo XXI?", en Guerra, Alfonso, *La calidad de la democracia, op. cit.*, p. 129.

[53] Peces-Barba Martínez, Gregorio, "Democracia y derechos humanos", en Guerra, Alfonso, *La calidad de la democracia, op. cit.*, pp. 44, 45.

libre y públicamente; esta es una de las formas en que realmente se puede avanzar, trabajando siempre con la mirada fija en el horizonte de los cambios que se deben otorgar a todos los ciudadanos libres, respetándoles su derecho a la libre determinación de su autonomía de la voluntad.[54]

El iusnaturalismo que encontramos en la Ilustración nos lleva a buscar elementos que acerquen más el concepto de justicia superando la injusticia, lo cual nos lleva necesariamente a encontrar la libertad, pero sobre todo hacerla valer desde el punto de vista político, a fin de que la toma de decisiones descanse en un ser racional donde la inseguridad y el temor no sean factor de decisión, donde quien detente el poder tenga como límite en su aplicación la voluntad soberana de la población.

Para lograr tomar en cuenta la liberación democrática, que no es más que la propia naturaleza racional de la persona, es necesario empezar a actuar respetando su dignidad, tomando en cuenta sus verdaderos intereses en el interactuar diario en los diferentes grupos sociales, pero sobre todo respetando aquellas acciones en las que participe libremente; lo que nos conduce a generar un compromiso político capaz de respetar la dignidad del otro, identificando sus derechos, pero sobre todo cuando son violados por otros.[55]

El autorrespeto y el reconocimiento de nuestra propia dignidad nos lleva a ser capaces de respetar la dignidad del otro, y sólo logramos identificarnos en la violación de sus derechos cuando lo percibimos en ese momento y hablamos de un acto indigno e irracional que no se legitima por el solo hecho de que el Estado debe cumplir su función en la sociedad, y esto demuestra que para el Estado existe una legitimación interna y su validez jurídica podría estar en duda desde el momento en que su actuar sea por encima de los derechos humanos.

La tradición republicana de los franceses nos lleva al cumplimiento de la doctrina del bien común, bajo ciertas condiciones, sobre todo de la libertad que fluye de la confianza de los ciudadanos dentro de los ámbitos de los derechos fundamentales, donde la población depende del trabajo, interés y diligencia de sus ciudadanos, que forman una comunidad

---

[54] Kriele, Martin, "Derechos humanos y división de poderes", en Abreu Sacramento, José Pablo y Le Clerk, Juan Antonio (coordinadores), *La reforma humanista*, México, Miguel Ángel Porrúa/Senado de la República, 2011, pp. 42, 43.

[55] Kriele, Martin, "Derechos Humanos y División de Poderes", *op. cit.*, p. 43.

liberal que vive de prestaciones de las cuales no puede disponer pues el alcance de la regulación estatal no puede ser superada.[56]

Alexis de Tocqueville señala, al observar la joven democracia de masas norteamericana, el poder de la teoría del egoísmo bien entendido donde sus partidarios deben sacrificar parte de sus ventajas privadas a fin de conservar el resto que genere una buena conciencia en su utilidad, pero ¿cómo adecuar las debilidades humanas que tienen una influencia dominante que pudiera revertir el egoísmo sobre sí mismo y reorientar las pasiones del individuo?[57]

Los hombres del sistema consideran que la raíz de toda inconformidad está en el resentimiento, pues, si bien es cierto que en la sociedad hay una libre concurrencia, también podemos ver que sólo uno llega a ser presidente de la república, y la frustración del hombre medio lo lleva a pensar en una sociedad totalmente igualitaria, lo que hace que sienta envidia, pues no siempre son los mejores los que triunfan, ni que el sentimiento igualitario sea signo de inferioridad, se trata de una actitud humana.

En este mismo sentido, el modelo de intereses puede superar la necesidad de someterse directamente a las exigencias del bien común, y este modelo es el que responde a la situación conflictiva de las sociedades modernas que nos lleva a la ambición del deseo, la notoriedad por obtener el reconocimiento, la influencia y el poder. Para poder revertirlo necesitamos actuar como en el ejercicio del deporte, en el cual las reglas son aceptadas por las partes, se establece la participación de manera igualitaria, existen las mismas oportunidades y al final se debe tener la capacidad para triunfar sin arrogancia o perder con dignidad.

Hasta dónde un proyecto humanista nos va a llevar a resolver gran parte de la problemática social y nos pondrá a salvo de la manipulación programada si estamos inmersos en la cultura del consumismo. La incesante búsqueda de la verdad de valores objetivos y consistentes queda

---

[56] Isensee, Josef, "Libertad ciudadana y virtud ciudadana", en Abreu Sacramento, José Pablo y Le Clerk, Juan Antonio (coordinadores), *La reforma humanista*, México, Miguel Ángel Porrúa/Senado de la República, 2011, p. 54.

[57] Tocqueville, Alexis, Citado por Isensee, Josef, en "Libertad ciudadana y virtud ciudadana", *op. cit.*, p. 56.

rebasada ante esta realidad que vivimos, donde podamos participar con una propuesta argumentada y respetuosa con otras que no lo son.[58]

Por eso cuando hablamos de libertad podemos ver que es una libertad acotada desde el punto de vista ético, que en su proceso de aplicación práctica apunta a la emancipación en un proceso cultural que nos lleva a una autorregulación social. La legislación va a ser conciliable cuando se refleje en el bien común que se aplica en la sociedad siempre buscando la seguridad jurídica de la mano de la seguridad pública y la seguridad social.

Cuanto mayor sea la capacidad del ciudadano de entender las decisiones políticas, de enseñarse a actuar y comprender cuál es su realidad en la dinámica social, surge la trascendencia que implica el comportarse de manera responsable, donde las reglas del compromiso pacífico objetivo nos llevan a generar un catálogo de libertades que protejan el ejercicio pleno de todas las actividades que necesariamente se deben llevar en una sociedad organizada.

Para Thomas Hobbes, ha sido necesaria la invención de nombres para sacar a los hombres de la ignorancia, aunque es importante la coherencia del uno con el otro, pues los hombres gracias a la palabra y al raciocinio son superiores a los animales por el conocimiento; en ese mismo sentido los superan en errores que son inherentes a las preposiciones y al lenguaje, pues esto forma parte de la naturaleza, como son las pasiones de los hombres cuando realizan sus acciones con base en su voluntad.[59]

Bajo esta perspectiva, la democracia es una forma racional más acorde con la naturaleza humana en su organización política, en tanto que el bien general busca rechazar la violencia de la imposición, en el momento en que la sociedad acepta que la responsabilidad en el ámbito práctico de las acciones políticas no se encuentra en el soberano, ni en ningún grupo de notables, sino en el juicio crítico del ciudadano al que interesa el progreso de su comunidad.

---

[58] Ollero, Andrés, *Derechos humanos. Entre la moral y el derecho*, México, Instituto de Investigaciones Jurídicas de la UNAM, 2007, p. 7.

[59] Hobbes, Thomas, *Elementos de derecho natural y político*, traducción de Dalmacio Negro Pavón, Madrid, España, Alianza, 2005, pp. 116, 117.

Participación ciudadana

La democracia en los gobiernos locales es una tarea laboriosa, pues es necesario que quienes gobiernan creen las condiciones para que sus habitantes puedan ejercer sus derechos y cumplir con sus obligaciones que nacen en su interactuar.

Para democratizar a la sociedad es importante llevar un proceso cultural, cívico y participativo de la ciudadanía en la toma de decisiones públicas y es necesario abrir nuevos canales y mejores espacios de participación ciudadana en las acciones emprendidas para garantizar el ejercicio de la población y buscar la gobernabilidad democrática.

Para Alan Touraine,

> A la escuela se le asigna la misión de fortalecer la capacidad y voluntad de ser actores de los individuos y enseñar a cada uno a reconocer en el otro la misma libertad que en uno mismo, el mismo derecho a la individualización y a la defensa de intereses sociales y valores culturales, es una escuela de democracia dado que reconoce que los derechos del sujeto personal y las relaciones interculturales necesitan garantías institucionales que no pueden obtenerse, sino a través de un proceso democrático.[60]

En México la acción gubernamental se ha caracterizado por ser centralizada, demasiado burocrática y por lo tanto poco eficaz en el ejercicio del gobierno, y este, al ser rebasado por la expectativa social, genera su desconfianza, pues no se encuentra en condiciones de proveer a sus ciudadanos con bienes y servicios, y al no cumplir genera cierta ilegitimidad.

Es decir, debemos participar construyendo entre las fuerzas políticas y la burocracia una democracia que vaya de la mano con la gobernabilidad abriendo nuevos caminos a la participación ciudadana, buscando mejorar el proceso de aplicación de las políticas públicas.

Para Norberto Bobbio:

> Cuando se plantea el problema de la "nueva forma de hacer política" con una fórmula desgastada por el largo uso y abuso y como todas las fórmulas políticas, más llenas de forma sugestiva que de significado, no se deben

---

[60] Touraine, Alain, *¿Podremos vivir juntos?*, traducción de Horacio Pons, 4ª reimpresión, México, Fondo de Cultura Económica, 1999, p. 291.

40

contemplar únicamente los nuevos sujetos eventuales y los nuevos instrumentos eventuales, sino también y, ante todo, las reglas del juego dentro de las cuales se desarrolla la lucha política en un determinado contexto histórico.[61]

Por lo tanto, el gobierno, como ente colectivo constituido por la población, debe buscar que los intereses generales se encuentren por encima de los intereses particulares y que en las nuevas tomas de decisiones se generen espacios y convicción entre gobernantes y gobernados, con nuevas políticas públicas para atender sus demandas.

En México podemos ver cómo la democracia representativa ha generado cierto desencanto, pues no es capaz de proveer una mejor calidad de vida. Para garantizar mejores satisfactores para la población, ha sido necesaria la participación de la sociedad civil, para que en coadyuvancia con la autoridad se pueda hacer llegar sobre todo a las comunidades más alejadas algunos productos de ayuda para su subsistencia.

Es por eso por lo que la organización de la sociedad es la que debe contribuir al ejercicio pleno para lograr el acceso a la infraestructura básica defendiendo su derecho a más y mejores servicios públicos y participando por generar una sociedad más igualitaria donde los protagonistas serán las clases populares.

En la actualidad podemos ver que la tan llevada y traída reforma electoral no ha servido más que para darle a los partidos políticos mayor poder, pues mediante acuerdos cupulares se han tomado las decisiones de más importancia y trascendentales en el ámbito federal, estatal y municipal.

Cuando los gobiernos locales puedan cumplir con llevar a sus comunidades mejor calidad de vida y su gestión sea eficiente y efectiva, con base en los planes estatales y municipales de desarrollo, y después de un análisis para definir las prioridades ante la situación actual de no haber recursos suficientes, las estrategias de movilización para la asignación de recursos serán con base en la búsqueda del consenso social y generarán una corresponsabilidad entre gobernantes y gobernados.[62]

[61] Bobbio, Norberto, *El futuro de la democracia,* 4ª reimpresión, México, Fondo de Cultura Económica, 2007, p. 74.

[62] Ziccardi, Alicia, *En democracia y gobernabilidad. Agenda para el desarrollo,* vol. 15, México, H. Cámara de Diputados XL Legislatura, Miguel Ángel Porrúa/ UNAM, 2007, pp. 164, 165.

Se deben establecer políticas públicas que, de manera efectiva, vinculen los programas sociales con los ciudadanos para que su participación los lleve a encontrar prácticas exitosas en los procesos de toma de decisiones en el ámbito gubernamental, que generen una mayor cohesión social; sin embargo, podemos apreciar cierta resistencia en los diferentes niveles de gobierno que no permite avanzar a la sociedad en las acciones públicas.

La creciente demanda de la sociedad y las promesas sociales desbordadas de los candidatos y partidos políticos en busca del voto se fundamentan en el discurso de una ideología igualitaria o equitativa de bienestar, materializada con los servicios a los ciudadanos, que provienen del arreglo con los actores dominantes que así ven cristalizados sus proyectos en acciones que deciden ellos, pero de ninguna manera se encuentra implícita la participación de la sociedad.

Si la actitud del gobierno es permitir una participación ciudadana real y eficaz, como una necesidad democratizadora y con una visión de incrementar la eficiencia gubernamental, se deberán construir nuevas formas en una relación entre gobierno y sociedad que supere la estructura de la burocracia pública y que llegue a la dinámica social.[63]

Derecho y sociedad

Sociedad y derecho son dos de los elementos que se encuentran relacionados entre sí, por ello en cualquier tipo de sociedad para la convivencia humana y la interacción cotidiana, el derecho establece una serie de reglas, que deben ser aceptadas socialmente para regular la conducta en sus relaciones; de ahí que todos los fenómenos sociales buscarán en el derecho un orden permanente que se adecue con la realidad social y al mismo tiempo sea un instrumento que establezca directrices para la convivencia de los hombres y los pueblos bajo el signo de la paz.

En cualquier grupo social el principal instrumento de control consiste en pautas, criterios de conducta, principios generales, pero sobre todo en reglas que deben ser comprendidas por todos los individuos y que les

<hr>

[63] Canto Chac, Manuel, *En democracia y gobernabilidad. Agenda para el desarrollo*, vol. 15, México, H. Cámara de Diputados, XL Legislatura, Miguel Ángel Porrúa/UNAM, 2007, pp. 150, 151.

exigen determinado comportamiento; la comunicación y el lenguaje utilizado es esencial para la transmisión.

"El derecho, como ningún otro fenómeno social, permite reconocer la unidad social y la unidad esencial de la cultura; no existe prácticamente ningún ámbito de la vida personal y social que de alguna manera no esté sujeto a regulación jurídica".[64] La especialización del derecho nos lleva necesariamente a que en cualquier actividad que la persona realice se encuentra una serie de elementos jurídicos que deben ser respetados y que van a generar la armonía de la sociedad.

Así encontramos que el desarrollo de la ley romana "tenía sus bases sociales en un grupo profesional de especialistas legales capaces de juzgar las diferentes consecuencias de los diferentes constructos legales, es decir, en la diferenciación funcional de los papeles";[65] por lo tanto, en esa diversidad del derecho y su adecuación deben participar verdaderos juristas que realmente implementen una serie de reglas que se identifiquen y sean acordes con el grupo social al que se pretenden aplicar.

El cambio evolutivo de las relaciones sociales también presupone que el derecho debe operar en condiciones de eficacia y que el lenguaje que se utiliza posibilita y estimula la realización del reconocimiento de un orden a través de la norma jurídica.

La estabilidad de un sistema jurídico en la sociedad debe buscar mantener un equilibrio entre la problemática que se genera y la posible solución, pensando siempre en la evolución y al mismo tiempo que el derecho pueda cumplir con su función como un medio de control social, partiendo de que lo que busca es regular la conducta y su función es un criterio orientador.

Las tres grandes respuestas sobre el origen y el fundamento del derecho las encontramos en la razón natural, la ley positiva y la sociedad. El derecho debe recoger las aspiraciones de la sociedad, debe ser coherente con la realidad, pues sin este elemento se hablaría de que es un simple mandato impuesto por el Estado sin tomar en cuenta la cultura, los valores, las costumbres de un determinado grupo social, y su función reguladora de la conducta humana se vería quebrantada.

---

[64] Del Palacio Díaz, Alejandro, *Para comprender el derecho*, México, Universidad Autónoma Metropolitana, Editorial Pac, 1995, p. 21.

[65] Luhmann, Niklas, *Teoría de los sistemas sociales*, México, Universidad Iberoamericana, 1998, p. 29.

Una de las aspiraciones del derecho es el bien común y para llegar a este fin la aplicación de la justicia debe ser concebida bajo ciertos patrones de conducta que sean reconocidos, consagrados y aceptados por la sociedad; es importante lo establecido por Hart en este sentido: "Decir que una determinada regla es válida es reconocer que ella satisface todos los requisitos establecidos en la regla de reconocimiento y, por lo tanto, es una regla del sistema".[66]

El derecho nace como un medio de control social cuya finalidad principal radica en regular la conducta de determinados grupos para generar la armonía social, tomando como base que el mandato creado para este fin se legitime, y para que una norma sea aceptada y reconocida debe de ser eficaz.

Una norma jurídica va a ser eficaz "cuando una regla de derecho [que] exige cierta conducta es más frecuentemente obedecida que desobedecida";[67] por lo tanto, es importante que el derecho que se va a aplicar se identifique con el grupo social para que cuente con su aprobación y reconocimiento.

La concepción del derecho tiene su reconocimiento en la identidad de la sociedad y que le da nacimiento a la norma jurídica positiva. El derecho es el resultado de determinados hechos o actos sociales que van de la mano con el propio actuar del ser humano y que se ven reflejados en su comportamiento y, por ende, en su conducta, aceptando en la práctica que la conducta es generalmente aceptada como pauta.

Su forma y contenido, como factores sociales, nos dan ciertas pautas que podrían generar condiciones de estabilidad de un sistema jurídico, atendiendo a determinadas circunstancias específicas y a sus interrelaciones sociales que van a generar validez y eficacia al momento de poner en práctica su aplicación.

Para que sea válida y eficaz la norma jurídica, Alejandro del Palacio establece que debe haber identidad y nos dice:

> La identidad de un régimen jurídico determinado se establece a partir de los principios que permiten reconocerlo y diferenciarlo. La identidad exige la determinación de las características formales y materiales

---

[66] Herbert, L. A. Hart, *El concepto de derecho*, traducción de Genaro R. Carrió, Buenos Aires, Argentina, Abeledo Perrot, 1998, p. 129.

[67] *Ibidem.*

de cada régimen, y enfrenta las dificultades provenientes de las transformaciones sociales, traducidas en la presencia e influencia de distintos principios y concepciones, no siempre compatibles.[68]

De lo anterior se puede afirmar que el nacimiento y creación del derecho que es establecido como derecho positivo, no puede construirse sin tomar en cuenta la realidad social, pues si uno de los fines es la armonía, esta se verá reflejada en la sociedad y su aceptación o rechazo dependerá de tomar en cuenta las consideraciones valorativas que nacen de esa relación y que se encuentran vinculadas con la misma evolución del ser humano.

Democracia y sociedad

La armonía social, la convivencia pacífica de los hombres en el mundo, el interactuar diario, la necesidad propia de los satisfactores nos lleva necesariamente a la construcción de un sistema que pueda darnos una serie de elementos que se conviertan en valores para poder canalizar la convivencia civil.

La democracia es uno de los conceptos fundamentales de la forma de gobierno del Estado mexicano, es un término multívoco y de enorme contenido ideológico. Sartori manifiesta:

> Hay que darse cuenta de que cuando denominamos democracia a un sistema político libre, empleamos ese término para ser breves y que las abreviaciones dan lugar a simplificaciones amenazadoras y a omisiones. De la abreviación como una medida cómoda, la abreviación como la eliminación de veinticinco siglos de ensayo, correcciones e innovaciones no hay más que un paso.[69]

En consecuencia es conveniente precisar la idea y el contenido del concepto de democracia en el contexto histórico y doctrinario para conformar una perspectiva de su aplicación y funcionalidad en el sistema político del Estado mexicano.

[68] Del Palacio Díaz, Alejandro, *op. cit.*, p. 58.

[69] Sartori, Giovanni, *Teoría de la democracia 2. Los problemas clásicos*, 2ª reimpresión, México, Alianza, 1991, pp. 364, 365.

La democracia nos lleva a establecer reglas y valores que se encuentran representados por la participación directa de la sociedad en la toma de decisiones; el sufragio universal "descansa en la idea de que todo ciudadano debe ser admitido a emitir su parecer personal sobre los asuntos de interés nacional, y a ejercer, en la medida de su poder electoral, su parte de influencia personal en la formación de la voluntad nacional que corresponde a este interés".[70]

> La democracia moderna debe dar la oportunidad a todos los ciudadanos de participar en la elección de los miembros del gobierno; la característica especial de la democracia moderna es la igualdad ante la ley, y la libertad del individuo toma su punto de partida en el moderno derecho natural, o sea en el principio de que el poder del Estado deriva originalmente de la voluntad soberana pura de los hombres que han pasado del estado de naturaleza al estado político.[71]

El ser humano, en la búsqueda de la satisfacción de sus muy variadas necesidades y en ese peregrinar constante para la realización de los objetivos como ente individual y en el ejercicio de sus derechos para su desarrollo, aspira a la vigencia del respeto hacia los demás de una serie de valores que deben de ser tutelados para el restablecimiento del orden social que se base en el respeto a sus garantías individuales.

El orden social debe tener su fundamento en el derecho, aunque las complejas relaciones sociales se van convirtiendo en nuevas situaciones jurídicas que van a requerir nuevos mecanismos que se encarguen de dar solución a esos nuevos conflictos de una sociedad cada día más compleja, siempre respetando los derechos de cada uno.

En la democracia los intereses de todos se han estructurado de tal forma que se ha impuesto el reconocimiento de los derechos de todos, el derecho igual, gracias al reconocimiento de la democracia en un régimen

---

[70] R. Carré de Malberg, *Teoría general del Estado*, traducción José Lión Depetre, 2ª reimpresión, México, Fondo de Cultura Económica/Facultad de Derecho de la UNAM, 2001, p. 1129.

[71] Ortiz Ramírez, Serafín, *Derecho constitucional mexicano. Sus antecedentes históricos, Las garantías individuales y el juicio de amparo*, México, Cultura, 1991, p. 250.

político en el que la sociedad participa para construir una sola voluntad común, que es la ley.[72]

Gracias a estos procesos, se puede establecer ahora que la coacción no es el único apoyo del derecho. Aunque si bien es cierto que para John Austin los mandatos son ordenes, estos mandatos, desde el punto de vista democrático, refieren a la participación directa de la sociedad en un régimen que se basa en la legitimidad de todos los intereses, en la decisión de la sociedad y el control de la autoridad.

La democracia juega un factor esencial de cohesión en cualquier grupo social, aunque siempre es importante la elasticidad para poder representar todos los intereses, ya sean particulares o generales, y estas diferencias que generan los intereses nos llevan a una percepción real de la problemática en nuestra sociedad, que es cada día más compleja, buscando siempre una voluntad común racional.

Para Norberto Bobbio es importante establecer que: "Todo grupo social tiene necesidad de tomar decisiones obligatorias para todos los miembros del grupo con el objeto de mirar por la propia sobrevivencia, tanto en el interior como en el exterior".[73]

El concepto de *democracia* lo identificamos en un primer supuesto con un proceso de carácter complejo que busca la armonía por medio de la participación de la sociedad en la toma de decisiones a través de un orden jurídico que regula el comportamiento de sus integrantes.

En este orden de ideas, para Ricardo Dalla Vía, cuando habla de una de las caracterizaciones de la democracia en la fracción *a*) establece: "Las decisiones más importantes en las *polis* son tomadas en asamblea general por todos sus integrantes, que deliberan acerca de su conveniencia o inconveniencia".[74] Es importante ver cómo en su esencia el proceso democrático tiene su nacimiento en la voluntad de cada una de las personas que participan.

En este momento la democracia busca lograr su mayor vigencia, respetando las garantías del ciudadano y restringiendo el ejercicio de

---

[72] Cerroni, Umberto, *Reglas y valores de la democracia*, Consejo Nacional para la Cultura y las Artes, Alianza, 1991, pp. 175-177.

[73] Bobbio, Norberto, *El futuro de la democracia*, 4ª reimpresión, México, Fondo de Cultura Económica, 2007, p. 24.

[74] Dalla Vía, Alberto Ricardo, *Teoría política y constitucional*, Instituto de Investigaciones Jurídicas/UNAM, México 2006, p. 33.

la autoridad; para lograr este objetivo es importante la participación de todos los sujetos ya que será a ellos a quienes beneficie o perjudique.

Para una aplicación real de este concepto no deben existir límites o discriminaciones en el derecho al voto como se establece en el pacto del pueblo inglés libre de 1649 que dice: "Todos los hombres de veintiún años o más tendrán derecho a votar y de ser electos" en la asamblea del pueblo. Que en su versión moderna no es más que el pensamiento contractualista de Juan Jacobo Rousseau.[75]

De las tesis expuestas, se puede concluir que no existe un criterio universal del concepto de *democracia*; sin embargo, las aportaciones conceptuales poseen elementos comunes que identifican a la democracia, y en este orden de ideas son: la soberanía del pueblo, la participación de los ciudadanos en las elecciones y decisiones políticas, el reconocimiento del poder o autoridad del pueblo sobre cualquier grupo o persona. Y finalmente se puede señalar que la democracia descansa sobre dos principios: la libertad y la igualdad.

[75] Salazar Ugarte, Pedro, *La democracia constitucional. Una radiografía teórica*, México, Fondo de Cultura Económica, Instituto de Investigaciones Jurídicas/UNAM, p. 113.

CAPÍTULO II
LOS DERECHOS HUMANOS

Antecedentes y evolución

A lo largo de la historia y de manera directa después de la Segunda Guerra Mundial, se habla mucho de los derechos humanos. En gran parte de los países latinoamericanos se han llevado a cabo reformas en este sentido; en México, a partir de 2011, encontramos reformas constitucionales (fiscal, laboral, energética y de derechos humanos, etc.) que al ser aprobadas generan una serie de obligaciones del Estado mexicano para sus connacionales, como la tutela, protección, pero sobre todo, el respeto de estos derechos, lo cual nos lleva a generar una serie de condiciones desde el ámbito académico para su conocimiento por parte de la sociedad.

¿En qué consisten?, ¿cuál es su alcance?, pero sobre todo ¿cuál es la trascendencia en el ámbito jurídico? y, por lo tanto, ¿cuáles son las repercusiones en la población del país?, ¿hasta dónde realmente estamos generando un proceso cultural en el que todos los grupos sociales del país se encuentran vinculados en su divulgación? Partiendo de lo que establece Brian H. Bix sobre que "los derechos operan como tipos básicos de exigencias tanto en el discurso moral como en el jurídico",[1] ¿cuál es la conexión o relación entre los derechos morales y los derechos legales?, o bien,

---

[1] Bix H., Brian, *Diccionario de Teoría Jurídica*, México, Instituto de Investigaciones Jurídicas/UNAM, 2009, p. 72.

se puede considerar la manera en que en la Roma antigua definían los derechos como "lo correcto por hacer".

Debemos comprender qué son los *derechos humanos*. Si los derechos son "lo correcto por hacer", lo humano será siempre aquello que es correcto para fortalecer todas las acciones vinculadas con la protección desde el nacimiento hasta la muerte del ser humano, y su interactuación con los demás seres humanos va de la mano con el respeto, utilizando ese concepto tan trillado, pero que recobra vigencia, que dice: "Tu derecho termina donde inicia el derecho de otro ser humano". Eso no es otra cosa que el respeto y de esa manera nace la dignidad humana, piedra angular de los derechos humanos.

O bien cuando hablamos del derecho natural racional y partimos de la fe en que son sólo los individuos los que componen la vida social y por lo tanto se piensa en un Estado justo porque nace de la voluntad de los miembros y esto es una consecuencia de lo convenido o considerado como su voluntad contractual, que le da nacimiento a la teoría de la ficción del Estado.[2]

Ese gran ideal de los derechos humanos se ve reflejado en algunas de las acciones que necesariamente tenemos que realizar al partir de que la piedra angular y el eje central rector donde descansan son el *animus* y el *corpus* del ser humano, aunque para el Estado lo ubica más como estadística en el *corpus*, que es indispensable, desde el punto de vista racional recae en el *animus* y este se ve reflejado de manera directa en su comportamiento, en el actuar diario en su interacción dentro de la sociedad.

Para Immanuel Kant, "el hombre y, en general, todo ser racional existe como fin en sí mismo, no meramente como medio para uso caprichoso de esta o aquella voluntad, sino que debe ser considerado al mismo tiempo como fin en todas las acciones señaladas como tanto a él, como a todo ser racional [...] los seres racionales se denominan personas, porque ya su naturaleza los señala como fines en sí mismos".[3]

La existencia del ser humano y el desarrollo en sí mismo encuentra su razón de ser desde el momento en que toma conciencia de que es una persona, que es un ser humano con una identidad propia y distinta

---

[2] Bloch, Ernst, *Derecho natural y dignidad humana*, traducción de Felipe González Vicén, Madrid, Dykinson, 2011, p. 131.

[3] Kant, Immanuel, *Cimentación para la metafísica de las costumbres*, México, Aguilar, 1973, p. 111.

de la de los demás, y esa distinción lo lleva a percibirse a sí mismo como hombre y al mismo tiempo como integrante de la humanidad, o bien, como individuo y miembro de un grupo social con cualidades propias e intransferibles, que al interactuar deberá ejercer sus derechos pero también sus obligaciones.

De esta manera, la vida del ser humano funciona en la creencia de que todos los individuos somos racionales, partiendo de la autonomía de la voluntad al momento de decidir, haciéndolo con conocimiento y con capacidad para establecer cuáles son aquellos elementos que le van a dar sentido a la vida, desde el momento en que forma parte de un grupo de personas con las que necesariamente tendrá que convivir y compartir algunos de sus satisfactores para la convivencia dentro de la sociedad.

Es muy común ver cómo esta actitud racional va actuando por medio de motivaciones emocionales, y eso hace que el hombre sienta envidia cuando, al aplicar el principio de libre concurrencia, los mejores van ocupando los primeros puestos, pues se trata de una actitud humanitaria que persigue la realización personal de todos los hombres, y que al reflejarla en los derechos humanos, un primer elemento que los hace vigentes se encuentra en el respeto que, desde la perspectiva del derecho, lo ubicaríamos en la frase: "Tu derecho inicia donde termina el mío y viceversa".

Satisfacción de requisitos para los derechos humanos

Partiendo de una concepción liberal de los derechos humanos, se deben satisfacer tres requisitos:

1. Establecer un sistema de vida fijando el contenido de las libertades y derechos básicos, instaurando así la cooperación social sobre la base del respeto mutuo.
2. Cuando hablamos de la razón pública, los argumentos en que se sustenta no sólo deben ser correctos, sino que públicamente se pueda ver que lo son, partiendo de que no sólo debe haber justicia, sino que se debe ver cómo se hace.
3. Cuando funcionan de hecho tanto las libertades como la razón pública de manera cooperativa en un sentido razonable de equidad y hay un espíritu de compromiso, se puede llegar ante un

conflicto a soluciones transaccionales, que se consideran decisiones políticas justas y acuerdos equitativos.[4]

Para Locke estas libertades se ven reflejadas cuando establece que los intereses civiles son la vida, la libertad, la salud, el descanso del cuerpo y la posesión de cosas externas, y el deber del Estado es garantizarlas, asegurando la ejecución imparcial de la ley justa para todo el pueblo en general, y si alguno viola la ley de equidad y la justicia pública que se estableció para su preservación, sufriría la privación y disminución de sus intereses u objetos que normalmente tendría el derecho de disfrutar.[5]

El fortalecimiento del derecho internacional y las nuevas reformas que se han dado en la mayoría de los países latinoamericanos, sobre todo en la aplicación del principio *pro homine*, nos lleva al fortalecimiento de las instituciones y mecanismos de cooperación a fin de que los países tengan la capacidad de regular, supervisar y hasta donde sea posible cumplir con estos objetivos de responsabilidad como sujetos de derechos y obligaciones en su manera de procurar y administrar justicia, construyendo un nuevo proceso civilizatorio para la comunidad internacional que debe partir de un nuevo proceso cultural.

El derecho objetivo siempre buscará encuadrar todas aquellas acciones que son propuestas por quienes tienen la obligatoriedad de vigilar, tutelar y proteger el entorno subjetivo de quienes ahí habitan, procurando un ambiente de cordialidad en su interacción diaria y buscando la armonía social, condiciones que sólo se pueden lograr por la vía del consenso donde se vislumbren peligros comunes y ventajas compartidas, que dentro de la sociedad internacional tendrán que ser reguladas.

Para Bremer, estas acciones del derecho internacional constituyeron un compromiso básico que se proponía ofrecer seguridad jurídica y cierta funcionalidad al sistema de Estados que nació con la Segunda Guerra Mundial y que tomaba los rasgos del orden westfaliano buscando sujetar al derecho con garantías de respeto al territorio y a la

[4] Betegón, Jerónimo y De Páramo, Juan Ramón, *Derecho y moral*, España, Ariel, 1990, pp. 80, 81.

[5] Locke, John, *Carta sobre la tolerancia*, traducción de Pedro Bravo Gala, Madrid, Tecnos, 1985, p. 9.

jurisdicción interna de cada miembro de la comunidad internacional, en el que el orden mundial contemporáneo descansa.[6]

Reforma constitucional en México

De esta manera, el Estado deberá garantizar el ejercicio de los derechos humanos, como lo dice la reforma constitucional en su Artículo 1º:

> En los Estados Unidos Mexicanos todas las personas gozarán de los derechos humanos reconocidos en esta Constitución y en los tratados internacionales de los que el Estado mexicano sea parte, así como de las garantías para su protección, cuyo ejercicio no podrá restringirse ni suspenderse, salvo en los casos y bajo las condiciones que esta constitución establece. (Reformado mediante decreto publicado en el *Diario Oficial de la Federación* el 10 de junio de 2011).
>
> Las normas relativas a los derechos humanos se interpretarán de conformidad con esta Constitución y con los tratados internacionales de la materia favoreciendo en todo tiempo a las personas la protección más amplia. (Adicionado mediante decreto publicado en el *Diario Oficial de la Federación* el 10 de junio de 2011).
>
> Todas las autoridades, en el ámbito de sus competencias, tienen la obligación de promover, respetar, proteger y garantizar los derechos humanos de conformidad con los principios de universalidad, interdependencia, indivisibilidad y progresividad. En consecuencia, el Estado deberá prevenir, investigar, sancionar y reparar las violaciones a los derechos humanos, en los términos que establezca la ley. (Adicionado mediante decreto publicado en el *Diario Oficial de la Federación* el 10 de junio de 2011).

Por lo tanto, la función del Estado en materia de derechos humanos va vinculada con dar toda clase de protección a los mexicanos y a los que de manera transitoria se encuentren en México, pero hasta dónde realmente la autoridad en nuestro país va a poder garantizar estos derechos si no se genera un proceso cultural por el cual todos los que vivimos dentro del territorio nacional sepamos siquiera el significado de los derechos humanos y las implicaciones de quienes no los respeten.

[6] Bremer, Juan José, *De Westfalia a Post-Westfalia*, México, Instituto de Investigaciones Jurídicas/UNAM, 2013, pp. 66, 67.

La importancia de esta reforma va más allá cuando hablamos de que el eje rector es el ser humano desde el punto de vista subjetivo, y por lo tanto el Estado, visto desde la teoría de la ficción, nos lleva a establecer que la persona es todo ente capaz de obligaciones y derechos; en consecuencia, sólo pueden tener derechos los entes dotados de voluntad, en este sentido las personas colectivas no pueden tenerlos.[7]

De esta manera, el orden público parte de un grupo de entes que tienen un proceso cultural propio y generan principios básicos que dan origen a la estructura organizacional de un determinado grupo social, y es el resultado de un proceso cultural histórico de los diferentes grupos sociales en los que se interactúa; son elementos sociales propios que le dan nacimiento a un ordenamiento jurídico propio a un país determinado y que se ve reflejado en su forma de actuar.

Ese grupo de personas tiene una subsistencia propia, su independencia se ve reflejada en su autonomía de voluntad al obligarse hasta donde lo quiera hacer, es un sujeto físico que participa entre su realidad y los valores por él reconocidos, haciendo que trascienda de la esfera ideal a la realidad en la que está inmerso, y esa realidad ética va de la mano con la existencia biológica y psicológica de él mismo. Por esta razón, la conducta del hombre en su aspecto jurídico es bilateral, pues puede manifestarse como un derecho subjetivo y en otras como obligaciones que pueden exigirse.[8]

Para el sujeto no basta que, en materia de derechos y libertades, encontremos una serie de reformas constitucionales; el insuficiente protagonismo ciudadano y el precario funcionamiento de algunas instituciones componen un marco de referencia que no es el más adecuado para el desarrollo y profundización de las libertades, vistos como incentivos para utilizarlos como medio de control social, estableciendo un límite al poder del Estado en su ejercicio y un adecuado desarrollo de las libertades por su población.

No se debe olvidar que los derechos humanos responden a necesidades humanas esenciales que se traducen en exigencias morales y que deben ser reconocidas y garantizadas por el derecho, generando

---

[7] García Máynez, Eduardo, *Introducción al estudio del derecho*, 51ª reimpresión, México, Porrúa, 2000, pp. 278, 279.

[8] García Máynez, Eduardo, *Introducción al estudio del derecho, op. cit.*, pp. 276, 277.

obligaciones y valores que, a través de su adecuado ejercicio, pretenden lograr: respeto a la dignidad humana, autonomía, seguridad, libertad e igualdad. Los derechos humanos sirven como criterios mínimos de fundamentación de los principios básicos de una sociedad y un orden.[9]

Si bien es cierto que los derechos humanos constituyen hoy una forma de expresión en la sociedad con una carga emotiva favorable y que se ha logrado un suficiente consenso en el derecho internacional en relación con la idea de que la justicia está basada en el respeto, la concepción de los derechos humanos es un fruto del humanismo racionalista triunfante en la moderna civilización occidental.

Para Peces-Barba Martínez:

> Derechos fundamentales y principios de organización son la manifestación, situados los primeros desde el punto de vista del ciudadano y los segundos desde el punto de vista del Estado y del Ordenamiento jurídico, de la ética pública de la modernidad, que se complementan y que son imprescindibles para la existencia de la sociedad democrática, sede de esa utopía del desarrollo moral de la dignidad humana, que necesita un entorno cultural, social, económico y político que sólo es consecuencia de la existencia combinada de derechos fundamentales y principios de organización.[10]

Estas reformas del Estado mexicano obligan a realizar un análisis para comprender qué son los llamados derechos humanos, en qué consisten, su alcance y trascendencia en la vida jurídica, pero sobre todo, cuáles son sus repercusiones en las personas y la sociedad, y con ello entrar en la reflexión de cómo se puede lograr no sólo su implementación, sino que esta sea eficaz y eficiente, para que respondan a las expectativas de la sociedad.

Es evidente que entramos en el mundo de las libertades que nacen de las doctrinas individualista y contractualista, y con ello se establece el modo y la intensidad en que, en el centro del ordenamiento jurídico,

---

[9] Fernández, Eusebio, "Concepto de derechos humanos y problemas actuales", en *Derechos y Libertades: Revista del Instituto Bartolomé de las Casas*, España, año 1, núm. 1, 1993, p. 46.

[10] Peces-Barba Martínez, Gregorio, "Concepto y problemas actuales de los derechos fundamentales", en *Derechos y libertades*, Revista del Instituto Bartolomé de las Casas, España, año 1, núm. 1, 1993, p. 77.

se pone al ser humano en cuanto a ser titular de derechos, constituyendo un espacio de autonomía frente al poder público en la esfera de todo tipo de libertades que buscan el desarrollo individual del ser humano en un marco de respeto mutuo que debe existir dentro de la sociedad.[11]

La positivización de los derechos humanos

Los derechos humanos pasan a ocupar un lugar preponderante en la nueva construcción de un orden que viene de la mano con la globalización, en el cual la dignidad del ser humano es de suma importancia para lograrlo, generando nuevas formas de participación social donde la relación de vecindad encuentre una mejor convivencia como parte del desarrollo en las actividades del orden público que debe prevalecer en cualquier tipo de sociedad.

Vinculando los derechos humanos debemos reflexionar su positivación con los derechos fundamentales, al respecto Luigi Ferrajoli dice:

> Son derechos fundamentales todos aquellos derechos subjetivos que corresponden universalmente a todos los seres humanos en cuanto dotados del status de personas, de ciudadanos o personas con capacidad de obrar, entendiendo por derecho subjetivo, cualquier expectativa positiva (de prestaciones) o negativa (de no sufrir lesiones) adscrita a un sujeto por una norma jurídica.[12]

Por lo tanto, son derechos fundamentales porque son los derechos de todos, el derecho a la vida, a ser libres, a ser iguales, que primero fueron reivindicados y después positivizados, que tienen su fundamento y justificación en sí mismos y un nexo que se va generando para dar nacimiento a otro tipo de derechos que, en conjunto con los primeros, buscan valores que convergen y se refuerzan recíprocamente con la finalidad no sólo de que se vean, sino de que su aplicación sea de manera permanente.

[11] Fioravanti, Maurizio, *Los derechos fundamentales*, España, Trotta, 2009, p. 55.
[12] Ferrajoli, Luigi, *Los fundamentos de los derechos fundamentales*, España, Trotta, 2009, p. 17.

El derecho a la vida es la primera formulación de los derechos fundamentales con la colaboración de ese derecho como un derecho de todos y su nexo consiste en que ofrece criterios para identificar no sólo ese derecho, sino la extensión de la clase de sujetos a los que es justo que les sea reconocido; por ejemplo, el principio de igualdad habla de la igualdad de todos y por esta razón es un valor fundante, cuya garantía de observancia genera la efectividad de todos los derechos.[13]

La Convención Americana sobre Derechos Humanos (Pacto de San José), de San José, Costa Rica, celebrada del 7 al 22 de noviembre de 1969, en su capítulo II nos habla de los derechos civiles y políticos, y en su Artículo 4, fracción 1, establece el derecho a la vida y textualmente nos dice: "1. Toda persona tiene derecho a que se respete su vida. Este derecho estará protegido por la ley y, en general, a partir del momento de la concepción. Nadie puede ser privado de la vida arbitrariamente".[14]

Este derecho fundamental es de suma importancia cuando hablamos de los derechos que se adquieren desde la concepción hasta la muerte, aunque tenemos el supuesto del *nasciturus*, que es el concebido no nacido, bajo el supuesto de que debe nacer vivo y viable y por lo tanto debe vivir cuando menos 24 horas, de esta primera formulación encontramos las subsecuentes que le van a dar a los derechos humanos las características principales que los distinguen.

En este mismo tenor encontramos cierta jurisprudencia en el mismo sentido: 1012232. 940. Pleno. Novena Época. Apéndice 1917-septiembre 2011. Tomo I. Constitucional 3. Derechos Fundamentales Primera Parte-scjn Vigésima Quinta Sección-Otros derechos fundamentales, p. 2221:

Derecho a la vida. Su protección constitucional.

Del análisis integral de lo dispuesto en los Artículos 1° 14 y 22 de la Constitución Política de los Estados Unidos Mexicanos, se desprende que al establecer, respectivamente, el principio de igualdad de todos los individuos que se encuentren en el territorio nacional, por el que se les otorga el

---

[13] Ferrajoli, Luigi, *Garantismo*, España, Trotta, 2009, pp. 124, 125.

[14] https://www.oas.org/dil/esp/tratados_b-32_convencion_americana_sobre_derechos_humanos.htm (consultada el 18 de de junio de 2019).

goce de los derechos que la propia Constitución consagra, prohibiendo la esclavitud y todo tipo de discriminación; que nadie podrá ser privado, entre otros derechos, de la vida, sin cumplir con la garantía de audiencia, esto es, mediante juicio seguido ante los tribunales previamente establecidos en el que se sigan las formalidades esenciales del procedimiento; y que la pena de muerte sólo podrá imponerse contra los sujetos que la propia norma constitucional señala, protege el derecho a la vida de todos los individuos, pues lo contempla como un derecho fundamental, sin el cual no cabe la existencia ni disfrute de los demás derechos.

Por lo tanto, el derecho a la vida es un elemento esencial para poder ejercer cualquier otro derecho, pues le corresponde a todo ser humano, y de esta manera, si no hay vida, no existen los demás derechos. Este derecho subjetivo lleva implícita su necesidad para poder salvaguardar cualquier otro tipo de derechos, pues es una característica *prima facie* de la naturaleza humana.

De acuerdo con Hernández Gil, cuando habla de que el derecho va más allá de las leyes aprobadas por los órganos encargados para ello y que incluso va más allá de las resoluciones emitidas por los operadores jurídicos en materia de procuración y administración de justicia, la vida es el don más preciado para poder ejercer cualquiera de los otros derechos que vienen establecidos por la ley e incluso por la doctrina, y esto implica el proceso biológico de nacer, crecer, en algunos casos reproducirse y morir.

La igualdad en los derechos humanos

El otro elemento que da plena vigencia a los derechos humanos es la igualdad, partiendo de lo que establece Laporta: "Una institución satisface el principio de igualdad si y sólo si su funcionamiento está abierto a todos en virtud de principios de no discriminación y, una vez satisfecha esa prioridad, adjudica a los individuos beneficios o cargas diferenciadamente en virtud de rasgos distintivos relevantes".[15]

Este principio, conforme los valores morales y jurídicos del ser humano, es un criterio básico que debe ser tomado en cuenta para que, desde el punto de vista de la participación ciudadana, seamos tratados

[15] Laporta, Francisco, *El principio de igualdad*, Madrid, Sistema 67, 1985, p. 27.

de la misma manera en cualquier tipo de actividades; es decir, la igualdad implica que los integrantes de la sociedad no hagan diferencia alguna en el trato de cualquier individuo, ni distinciones por sexo, edad, raza, nivel económico, etc., que menoscaben su dignidad humana, de acuerdo con la siguiente sentencia:

"DERECHO HUMANO A LA IGUALDAD ENTRE EL VARÓN Y LA MUJER. SU ALCANCE CONFORME A LO PREVISTO EN EL ARTÍCULO 4°. DE LA CONSTITUCIÓN POLÍTICA DE LOS ESTADOS UNIDOS MEXICANOS Y EN LOS TRATADOS INTERNACIONALES. Al disponer el citado precepto constitucional, el derecho humano a la igualdad entre el varón y la mujer, establece una prohibición para el legislador de discriminar por razón de género, esto es, frente a la ley deben ser tratados por igual, es decir, busca garantizar la igualdad de oportunidades para que la mujer intervenga activamente en la vida social, económica, política y jurídica del país, sin distinción alguna por causa de su sexo, dada su calidad de persona; y también comprende la igualdad con el varón en el ejercicio de sus derechos y en el cumplimiento de responsabilidades. En ese sentido, la pretensión de elevar a la mujer al mismo plano de igualdad que el varón, estuvo precedida por el trato discriminatorio que a aquélla se le daba en las legislaciones secundarias, federales y locales, que le impedían participar activamente en las dimensiones anotadas y asumir, al igual que el varón, tareas de responsabilidad social pública. Así, la reforma al Artículo 4°. de la Constitución Política de los Estados Unidos Mexicanos, da la pauta para modificar todas aquellas leyes secundarias que incluían modos sutiles de discriminación. Por otro lado, el marco jurídico relativo a este derecho humano desde la perspectiva convencional del sistema universal, comprende los artículos 1 y 2 de la Declaración Universal de los Derechos Humanos, así como 2, 3 y 26 del Pacto Internacional de Derechos Civiles y Políticos; y desde el sistema convencional interamericano destacan el preámbulo y el Artículo II de la Declaración Americana de los Derechos y Deberes del Hombre, así como 1 y 24 de la Convención Americana sobre Derechos Humanos".[16]

[16] Jurisprudencia 1a./J. 30/2017, sostenida por la Primera Sala de la Suprema Corte de Justicia de la Nación, viernes 21 de abril de 2017, Semanario Judicial de la Federación, Décima Época, de rubro y texto siguiente.

No se puede entender la participación ciudadana sin igualdad, sin la inclusión de ambos sexos, pues tanto el hombre como la mujer gozan de las mismas prerrogativas en una sociedad que aspira a ser igualitaria, como la nuestra; ningún tipo de discriminación puede permitirse, no sólo por sexo, sino también por cualquier otro elemento que al momento de aplicarse genere ciertas acciones de favoritismo o de beneficio en favor de alguien y en perjuicio del otro.

Rousseau afirma en el *contrato social* que para que funcione la igualdad "la asociación es con todos sus derechos a toda la humanidad, pues la condición es la misma para todos y siendo la condición igual para todos, nadie tiene interés en hacerla onerosa a los demás".[17] Así se palpa cómo desde la Ilustración y hasta nuestros días hay una búsqueda constante de este valor que no ha logrado alcanzar la aplicación plena.

Para Alarcón Cabrera, debe existir tanto igualdad de oportunidades como igualdad de resultados, pues sostiene:

i. Como punto de partida, la igualdad de oportunidades es la no discriminación de ningún individuo en el ejercicio y desarrollo de sus aptitudes, de cara a su participación en el proceso productivo, la legislación, la cultura y en general cualquier faceta de la organización social.

ii. Como punto de llegada la igualdad de resultados es la consecuencia del conjunto de medidas a tomar por los poderes públicos para el logro de una semejante calidad de vida y de una igual satisfacción de las necesidades humanas básicas.[18]

La igualdad, como un principio básico, debe contar con ciertos elementos que la puedan hacer visible, pero sobre todo utilizada no nada más desde el punto de vista del derecho objetivo. Su aplicación debe empezar no sólo en el ámbito subjetivo donde el sujeto solicite que se le respeten sus derechos, sino también que cumpla con sus obligaciones, y de manera recíproca hacer que los derechos humanos realmente respon-

[17] Rousseau, Jean-Jacques, *contrato social*, México, Espasa Calpe Mexicana, 2000, p. 48.

[18] Betegón, Jerónimo y De Páramo, Juan Ramón (coordinadores), *Constitución y derechos fundamentales*, España, Ministerio de la Presidencia, Secretaría General Técnica, 2004, p. 18.

dan a las necesidades propias de un conglomerado social tan disfuncional como el nuestro.

Si los derechos humanos parten de la globalización y son una consecuencia de los tratados internacionales, su aplicación está encaminada a la igualdad universal, pues vivimos en un mundo donde el avance de los satisfactores con base en la tecnología hace que lo que sucede en Asia impacte en Latinoamérica, sobre todo con los nuevos conflictos que enfrentamos a nivel mundial como la migración de África a Europa, de Centroamérica a Estados Unidos, de Venezuela a otros países de Sudamérica y del mundo, etcétera.

Dworkin, al realizar un análisis de las condiciones de la dignidad humana, sostiene que son dos principios básicos:

1. Principio de valor intrínseco, sostiene que toda vida humana tiene un valor objetivo, cuando una vida humana empieza, es importante cómo evoluciona. Es algo bueno que esa vida humana tenga éxito y que su potencial se realice, y es algo malo que fracase y que su potencial se malogre;
2. Principio de responsabilidad personal, cada persona tiene una responsabilidad en la consecución de un logro de su propia vida, una responsabilidad que incluye el empleo de su juicio para estimar qué clase de vida sería para ella en una vida malograda.[19]

En una sociedad tan compleja como la nuestra es necesario que empecemos a generar confianza con quienes convivimos en las actividades que necesariamente tenemos que desarrollar. Vivimos de tal manera que en lo más mínimo nos interesa lo que le suceda a los demás, sólo nos preocupa lo nuestro. Sin embargo, el sentido de cooperación y solidaridad representa una importancia superior para la convivencia armónica que siempre es necesaria en una sociedad ordenada, donde la igualdad se vea reflejada en la dignidad de cada uno, partiendo del respeto que se debe tener hacia los demás.

Una de las nuevas tendencias de la globalización en el derecho es encontrar en la sociedad el respeto mutuo o bien el autorrespeto de las

---

[19] Dworkin, Ronald, *La democracia posible. Principios para un nuevo debate político*, España, Paidós, 2008, p. 53.

personas, donde el reconocimiento como entes iguales nos lleve a la aplicación práctica de los derechos humanos. La organización que llamamos Estado juega un factor importante en esa relación de igualdad entre quienes interactuamos de manera cotidiana en nuestras actividades diarias.

El idealismo reflejado en la Declaración Universal de los Derechos Humanos nos lleva a cuestionar: ¿hasta cuándo los seres humanos seremos capaces de empezar a construir un mundo donde los valores sean el eje principal en el que descanse gran parte de las acciones necesarias para generar armonía dentro de la sociedad, así como el sano crecimiento y esparcimiento de los que aquí vivimos?

Llevamos 72 años desde que se llevaron a cabo las reuniones de propuestas para emitirla buscando la presencia de una mayor sensibilidad de la sociedad, y así encontramos las siguientes declaraciones:

Artículo 1. Todos los seres humanos nacen libres e iguales en dignidad y derechos y, dotados como están de razón y conciencia, deben comportarse fraternalmente los unos con los otros.

Artículo 2. Toda persona tiene todos los derechos y libertades proclamados en esta Declaración, sin distinción alguna de raza, color, sexo, idioma, religión, opinión política o de cualquier otra índole, origen nacional o social, posición económica, nacimiento o cualquier otra condición. Además, no se hará distinción alguna fundada en la condición política, jurídica o internacional del país o territorio de cuya jurisdicción dependa una persona, tanto si se trata de un país independiente, como de un territorio bajo administración fiduciaria, no autónomo o sometido a cualquier otra limitación de soberanía.[20]

Problemática actual

Lo más grave es que, entre las principales violaciones a los derechos humanos, se encuentra faltar a la legalidad, honradez, lealtad, imparcialidad y eficacia en el desempeño de sus funciones, y prestar indebidamente el servicio público, todos valores éticos humanos importantes y

[20] ONU, 2019, Declaración Universal de los Derechos Humanos (https://www.unidosporlosderechoshumanos.mx/what-are-human-rights/universal-declaration-of-human-rights/articles-01-10.html).

que se ven reflejados en una sociedad disfuncional que nos ha llevado a la pérdida del respeto y por consiguiente a la pérdida de la dignidad.

Grafica 1. *Autoridades señaladas con mayor frecuencia en los expedientes de queja registrados y sus agraviados. Agosto 2019*

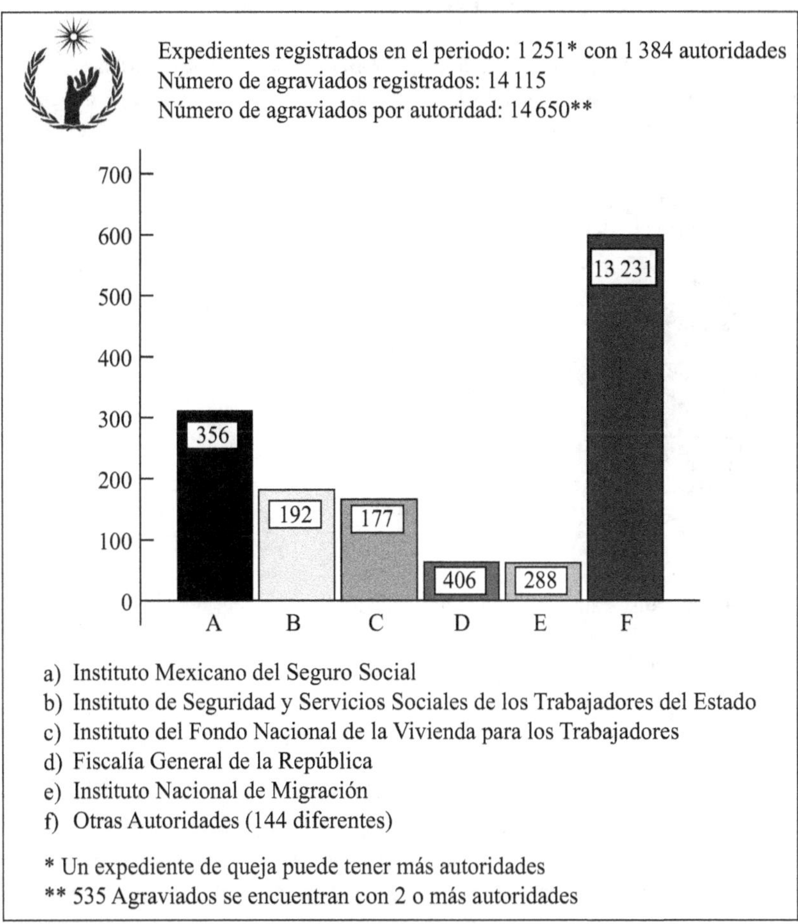

Fuente: Comisión Nacional de los Derechos Humanos (CNDH) 2017.

La Encuesta Nacional de Victimización y Percepción sobre Seguridad Pública (ENVIPE) del Inegi estima que durante 2018 se inició la averiguación previa en 6.8% del total de los delitos. Lo anterior representa 93.2% de delitos en los que no hubo denuncia o no se inició averiguación previa.

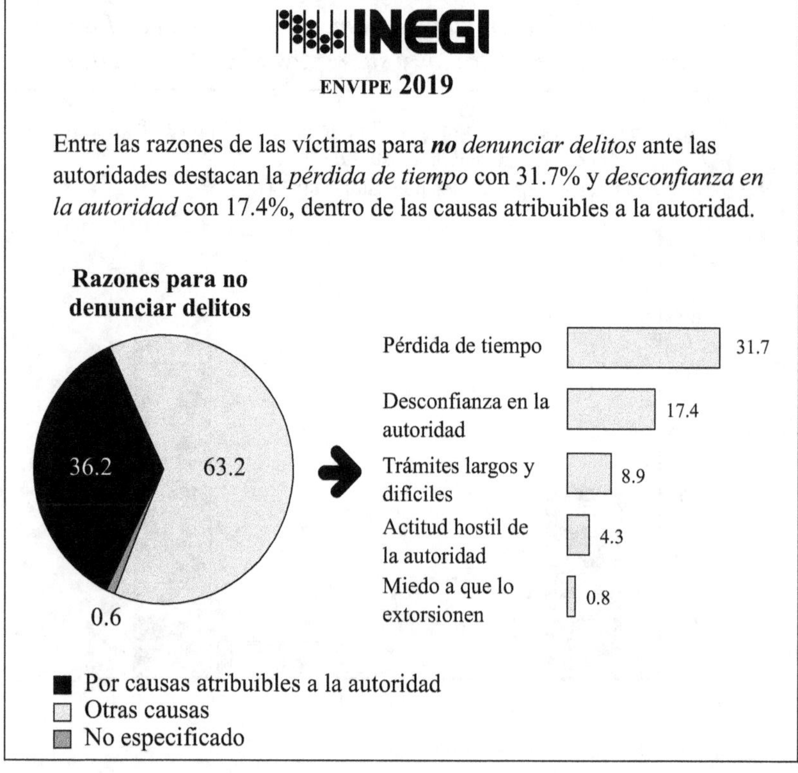

Fuente: Inegi (2019).

El rompimiento de paradigma que estamos viviendo en México a partir de la reforma constitucional de 2008 en materia penal y la del 2011 en relación con los derechos humanos nos lleva a ver que ante la gran problemática que tenemos en México y en el mundo, la única forma de buscar una alternativa de solución es haciendo que la sociedad se haga responsable y participe en la solución de sus problemas.

Reformas constitucionales en materia de derechos humanos en México

Al igual que en nuestro país, en el continente americano se están llevando a cabo una serie de reformas constitucionales con el propósito de que los derechos humanos puedan aplicarse de manera práctica y con ello se logren abatir los grandes problemas que se tienen no sólo en materia de seguridad pública, sino también de seguridad jurídica y seguridad social.

A través de la historia se ha generado una lucha constante por hacer realidad la aplicación de los derechos humanos y México no es la excepción. Estos esfuerzos los encontramos reflejados en el texto constitucional desde la Constitución de Cádiz, después como derechos del hombre en la Constitución de 1957, como garantías individuales en la Constitución de 1917, y ahora con la reforma de 2011 como derechos humanos.

El reconocimiento expreso de la dignidad de la persona se manifiesta en el reconocimiento de su valor entre los individuos con quienes interactúa, pues se le reconoce como un ente racional que se hace responsable de sus propios actos, cumpliendo con sus obligaciones y esperando de manera recíproca que se le respeten sus derechos.

En México estamos empezando la aplicación real de los derechos humanos con la aprobación de la reforma constitucional del 10 de junio de 2011, ahora está por verse cuáles podrían ser los avances y qué nos faltaría para que pudiéramos ver cristalizada la aplicación del párrafo segundo del Artículo 1° constitucional.

El humanismo expresado en este párrafo no es más que el reconocimiento a la persona que por el simple hecho de serlo adquiere una serie de elementos subjetivos, que busca su recompensa en el deber por el deber mismo, generando una idea moral al alcance de la humanidad a través de las reglas de la prudencia, virtud que consiste en el arte de vivir, y que se adapta a los fines perseguidos por los individuos a lo largo de su vida.[21]

---

[21] Pele, Antonio, *La dignidad humana*, España, Universidad Carlos III de Madrid, Dykinson, 2010, pp. 314, 315.

En México, a través de la historia, se ha buscado establecer estos derechos en el rango constitucional y de esta manera han sido positivizados; así encontramos que en el capítulo I de la Constitución de 1857 se denominaron derechos del hombre, en la constitución de 1917 a este capítulo I le pusieron por nombre las garantías individuales y ahora, con la reforma constitucional de 2011, han optado por llamarle derechos humanos, adecuando la denominación a los estándares internacionales que nacen del control de convencionalidad, en especial por las constantes recomendaciones y observaciones de organismos internacionales.

De este modo, encontramos reflejados elementos de la doctrina liberal del contrato social, en tanto que la legitimidad del poder político emana de un contrato social que, de manera libre, es adoptado por los ciudadanos sujetos a él y por los ciudadanos en que se va a confiar el poder; por lo tanto, primero es el individuo y luego la sociedad, y el poder político queda en manos del pueblo entendiéndolo como el conjunto de ciudadanos cuya función principal es responder a las necesidades de sus representados.[22]

La existencia de la humanidad se encuentra reflejada en los derechos humanos, donde de manera ideológica se representan las necesidades, por un lado, y, por el otro, las exigencias que nacen de la propia condición natural de la persona humana; en los derechos humanos se reclama el reconocimiento, el respeto e incluso la tutela, con la finalidad de alcanzar una sociedad más igualitaria por parte de esa ficción jurídica a la que llamamos Estado.

Para Ricardo Dip,[23] existe una ambigüedad de la teoría fundacional de los derechos humanos y esto nos lleva a generar un diagnóstico que en algunos puntos se agrava por la variedad de sentidos para este término; es importante adentrarnos en su historia, su estudio, partiendo de que no existe una tradición única y que ello nos conducirá a encontrar ciertos consensos pero también posturas que se contraponen; sin embargo, esta diversidad nos permite tener un mejor acercamiento en su aplicación.

[22] Guevara Niebla, Gilberto, "Teorías sobre la organización política", en *Democracia y educación cívica*, México, Instituto Electoral del Distrito Federal, Colección Sinergia, 2007, p. 20.

[23] Dip, Ricardo, *Los derechos humanos y el derecho natural*, España, Marcial Pons, 2009, pp. 45, 46.

La diversidad de puntos de vista nos ayuda a entender mejor cómo se conciben en la actualidad los derechos humanos, y que estos forman parte de la civilización en respuesta a las grandes violaciones y abusos sufridos por la humanidad, que aún en esta época se siguen cometiendo y que no hemos podido actuar de manera responsable, por lo que es necesario empezar por el autorrespeto y aplicar el lado humano del ser humano.

La libertad de la que gozamos cobra una especial relevancia para la protección de un conjunto de derechos de la persona y esto va de la mano con su forma de actuar, pues asegura su autonomía al momento de tomar decisiones y con ello el reconocimiento de una esfera propia de cada individuo que el Estado debe proteger y garantizar, reconociendo que cada ente por el solo hecho de serlo debe tener acceso al respeto en su forma de actuar y pensar.[24]

De esta manera el ser humano, al gozar de dichas garantías por parte del Estado, debe procurar no interferir en la esfera jurídica de los demás. Cada uno, con base en la autonomía de su voluntad, podrá realizar sus actividades de manera libre, partiendo del autorrespeto, que lo lleva a actuar respetando la dignidad de las personas con las que interactúa.

Nogueira Alcalá define la *dignidad humana* del siguiente modo:

> La dignidad de la persona es el rasgo distintivo de los seres humanos respecto de los seres vivos, la que constituye a la persona como un fin en sí mismo, impidiendo que sea considerada un instrumento o medio para otro fin, además de dotarlo de capacidad de autodeterminación y de realización del libre desarrollo de la personalidad.[25]

Las tres dimensiones en la aplicación de los derechos humanos

En este apartado se explican las tres dimensiones que intervienen y son fundamentales en la aplicación de los derechos humanos, así como los elementos que las identifican y la responsabilidad de cada una de ellas:

---

[24] López Guerra, Luis, *Introducción al derecho constitucional*, España, Tirant lo Blanch, 1994, pp. 101, 102.

[25] Nogueira Alcalá, Humberto, *La interpretación constitucional de los derechos humanos*, Perú, Ediciones Legales, 2009, pp. 11-14.

1. Por parte del Estado.
2. Por la persona.
3. Por la sociedad.

Por parte del Estado

Al Estado le corresponde salvaguardar, proteger, tutelar, respetar, entre otras funciones, los derechos humanos; pero para ello, como dice Weber, no sólo debe contar desde el punto de vista jurídico con un ordenamiento que integre en la ley los elementos necesarios para poder resolver los conflictos de la sociedad, sino también la legitimidad necesaria para que esto pueda ser realidad, así como, en este nivel de razonamiento práctico, las alternativas para llegar a ese fin.

Para Pérez Luño,[26] un ordenamiento jurídico formal debe contar por lo menos con: *a*) una respuesta para cada hecho de la vida real; por lo tanto, se debe adecuar a la evolución de la sociedad y estar pendiente de las nuevas formas que son requeridas por ella, y *b*) un ordenamiento jurídico que sea coherente; si ninguna de sus normas se contradice, que no existan antinomias jurídicas.

Cualquier ordenamiento jurídico cuya finalidad sea preservar la armonía de la sociedad deberá ser acorde con la realidad que se vive, aunque muchas veces podemos ver que el avance de la ciencia es mayor que el avance de las leyes que tienden a regularla. Asimismo, debe responder a las expectativas de la sociedad, de modo que los operadores jurídicos puedan tener a la mano una respuesta a cada solicitud presentada y resuelvan las diferencias de las partes en el proceso. Para Weber, desde el punto de vista práctico, el ordenamiento jurídico debe constar de dos partes: una de ordenación e integración del ordenamiento jurídico y otra de resolución de conflictos, de esta forma encontramos cómo regular la conducta externa del individuo, con la salvedad de que los dos subsistemas deben estar concatenados, pues si no funciona el primero, el segundo tampoco estará en posibilidades de solucionar los conflictos.[27]

[26] Pérez Luño, Antonio Enrique, *Teoría del Derecho*, 16ª edición, España, Tecnos, 2017, pp. 205, 206.

[27] Weber, Max, *Economía y sociedad, op. cit.*, p. 508.

Por parte de la persona

Siguiendo a Luhmann, el eje rector de cualquier ordenamiento jurídico, si queremos que funcione, debe estar:

1. En el ser humano.
2. En su comportamiento (conducta).
3. En la satisfacción de sus necesidades.
4. En la vinculación con el Estado.

El ser humano

El problema de los ordenamientos jurídicos en México y en la mayor parte de Latinoamérica es que se hacen desde un escritorio y respondiendo, más que a los intereses de las personas, a los grupos de poder. Por eso, después de que se lleva a cabo el proceso legislativo e inicia el periodo de vigencia, no cumplen con su propósito principal, que es procurar la armonía que debe prevalecer en cualquier grupo social, adaptándose a las necesidades de la sociedad.

La dignidad del ser humano, desde el punto de vista positivo, supone la afirmación del pleno desarrollo de la personalidad de cada individuo, y su pleno desarrollo implica el ejercicio de manera directa de sus derechos; es la actuación propia de cada persona, el reconocimiento de la toma de decisiones con base en la autonomía de la voluntad y su autodeterminación, parte del libre desarrollo histórico de la razón humana.[28]

Se nos olvida que también el ser humano consta de dos elementos, el *corpus* y el *animus*; es decir, el cuerpo, que es la forma que más identificamos como un ser, y el ámbito emocional que está dentro de ese cuerpo y que da nacimiento y movilidad a las actividades que realiza desde el ámbito racional, donde aprende a distinguir la forma en que se deben tomar las mejores decisiones para encauzar las actividades que tiene que realizar.

---

[28] Pérez Luño, Antonio Enrique, *Teoría del Derecho, op. cit.*, pp. 222, 223.

Su comportamiento

El comportamiento del ser humano responde a ciertos estímulos y acciones que lo impulsan a actuar por sí mismo o manifestarse de diferentes maneras, dependiendo de las circunstancias y los fines que persiga, con base en el proceso cultural en el que haya estado inmerso y partiendo de una determinada posición interna; si se confía en una actitud correcta, el principal elemento de confianza se ve favorecido y con ello recibe la aceptación por parte de la sociedad.

El ser humano está dispuesto a contribuir en la medida en que sus conciudadanos compartan esa misma visión y disposición, y mientras no existan desigualdades en el trato. La cooperación surge con base en incentivos que generen confianza, donde los beneficios y las cargas se distribuyen equitativamente mediante procedimientos justos, contribuyendo a satisfacer las necesidades bajo la percepción del compromiso de los demás.[29]

Desde el punto de vista jurídico, el derecho busca regular la conducta externa del individuo, su comportamiento. La norma como regla social de conducta del ser humano debe estar encaminada al bien común, partiendo del criterio de lo justo y sus implicaciones sociales, o buscando la cooperación y colaboración de manera respetuosa y recíproca que alimente la autoestima y el desarrollo de las capacidades.

Satisfacción de necesidades

Todo ser humano busca la satisfacción de sus necesidades,[30] estas pueden ser de distinta índole, la razón última para el uso de cosas es necesario la comunicación, pues competencia y cooperación son situaciones de intercambio que nos llevan a la institucionalización del comportamiento. La existencia elemental del hombre se define de un problema de escasez,

---

[29] Turégano, Isabel, "Crisis del Estado de bienestar y pérdida de confianza política", en Betegón, Jerónimo y De Páramo, Juan Ramón (coordinadores), *Derecho, confianza y democracia*, España, Bomarzo, 2013, pp. 65-67.

[30] Luhmann, Niklas, *Los derechos fundamentales como institución, op. cit.*, pp. 205-209.

que, desde el punto de vista económico, nos va a llevar a un comportamiento racional cooperativo.

Uno de los grandes problemas en los países latinoamericanos es que no encontramos políticas públicas que ayuden a generar fuentes de empleo cuyo objetivo real sea que la gente gane un salario digno con el que pueda satisfacer sus necesidades primordiales. Eso provoca, por un lado, que la gente busque como alternativa migrar a otros países, lo cual se ha vuelto un problema global, lo mismo sucede de América del Sur a América del Norte, o bien, de África a Europa.

En gran parte de los derechos morales que ahora encontramos como derechos jurídicos, vistos desde el Estado, se deben vincular los dos imperativos kantianos para este propósito, que son respetar los fines de los individuos y considerar a los individuos como un fin en sí mismo, y con ello, el procedimiento colectivo en la toma de decisiones sobre el reconocimiento de los derechos individuales, basado en las acciones voluntarias debido a las estructuras formales.[31]

La vinculación con el Estado

El ser humano, para que pueda subsistir en sociedad, necesariamente debe organizarse, buscando siempre una serie de satisfactores que son necesarios para el desarrollo de su existencia. Estos son muchos y muy variados, pero me referiré a dos principalmente: a los materiales y a los inmateriales, que en suma van a generar las condiciones necesarias para lograr una vida en común con otros seres semejantes.

El Estado se ha ido adecuando a la realidad histórica, pues es la única forma de responder a las necesidades propias de su evolución. Por su propia naturaleza, tiene la necesidad de organizarse. La complejidad de esta institución varía de acuerdo con las acciones humanas, pues son la fuente de efectos no previstos, aunque para algunos doctrinarios su nacimiento se da de manera inconsciente, basados en el derecho natural, la mayoría de las instituciones tienen su origen en actos conscientes.[32]

---

[31] Nino, Carlos, *Una teoría de la justicia para la democracia*, Argentina, Siglo XXI Editores, 2013, pp. 221, 223.

[32] Jellinek, Georg, *Teoría del Estado*, traducción de Fernando de los Ríos, México, Fondo de Cultura Económica, 2004, pp. 90, 91.

Por la sociedad

Autorrespeto

Para que de manera práctica puedan funcionar los derechos, en este caso los derechos humanos, tenemos que iniciar estableciendo que la columna vertebral de los derechos humanos es la dignidad humana y esta se basa en el respeto. Un primer elemento de valor para hacer funcional el derecho es el autorrespeto, y este lo encontramos en el reconocimiento mutuo de que todas las personas somos iguales partiendo del derecho natural.

La dignidad humana supone el pleno desarrollo de la personalidad de cada individuo y el reconocimiento de cada uno con base en su autonomía de la voluntad; es la plenitud de la personalidad humana, es el fundamento básico de los derechos humanos que tiende a satisfacer las necesidades de la persona desde la esfera moral, es en sí las facultades que se dirigen al reconocimiento de la dimensión moral de la persona.[33]

Este es sin duda el principio básico donde va a descansar la armonía, que es tan necesaria en los diferentes grupos sociales con quienes cohabitamos. En una sociedad marcada en estos momentos por la violencia, es de suma importancia que nos reconozcamos y que tomemos conciencia de que sólo de manera colaborativa y cooperativa podemos alcanzar los mejores satisfactores y una sana convivencia.

Beneficios comunes

En una sociedad como la nuestra es importante que, en la toma de decisiones colectivas, quienes participan siempre vean un beneficio tanto particular como colectivo. De esta manera habrá una participación mayor porque los individuos mostrarán interés al ser tomados en cuenta y al obtener una prebenda que al final represente mejores acciones para su beneficio; estos incentivos, a su vez, generan mensajes de certidumbre y confianza.

El comportamiento humano siempre busca maximizar su interés personal, y en ese sentido la elección racional es necesaria para establecer incentivos externos que hagan a los individuos actuar cooperativamente

---

[33] Pérez Luño, Antonio Enrique, *Teoría del Derecho, op. cit.*, pp. 224, 225.

72

y contribuir en la producción y mantenimiento de los bienes públicos. Desde el punto de vista de la reciprocidad, los individuos contribuyen a los bienes colectivos en la medida en que perciben que otros buscan hacer lo mismo, y desde el punto de vista jurídico, se pueden dar los estímulos necesarios y generar las bases para crear confianza.[34]

Cualquier ordenamiento jurídico que se pretenda aplicar debe hacerse desde el punto de vista del lado humano del ser humano. Para Savater,[35] las facultades que el humanismo pretende desarrollar son la capacidad crítica de análisis, el razonamiento lógico y la sensibilidad, para realizar y apreciar las relaciones del espíritu humano, con acciones racionales que nos llevan a actuar de manera responsable.

Evitar desigualdades

Los derechos humanos parten de que todos los seres humanos somos libres e iguales, y la igualdad se configura desde el momento en que quienes habitamos en este mundo tenemos los mismos derechos, pero también las mismas obligaciones. Para Rawls,[36] la justa igualdad de oportunidades coincide con la idea de que todo el aparato burocrático y los funcionarios que lo conforman han de ser abiertos para que todos tengan una oportunidad equitativa de obtener un puesto, y para que se puedan cumplir se deben generar las condiciones sociales referenciales de cada uno de los puestos con capacidades y habilidades similares.

En el ámbito económico, que es el más perceptible, podemos ver, según Oxfam, que es innegable que el modelo de economía globalizada ha beneficiado principalmente a las personas más ricas. Varias investigaciones de Oxfam revelan que, en los últimos 25 años, el 1% más rico de la población ha percibido más ingresos que el 50% más pobre de la población en su conjunto.[37]

---

[34] Turégano, Isabel, *Crisis del Estado de bienestar y pérdida de confianza política*, *op. cit.*, pp. 66, 67.

[35] Savater, Fernando, *El valor de educar*, España, Ariel, 2006, pp. 116, 117.

[36] Rawls, John, *Teoría de la justicia*, México, Fondo de Cultura Económica, 2003, pp. 78-79.

[37] D. Hardoon, S. Ayele y R. Fuentes-Nieva, "Una economía al servicio del 1%". Oxford: Oxfam, 2016, (https://www.scribd.com/doc/295120053/An-Econo-

Lo más grave de este informe es que los más ricos siguen creciendo y por lo tanto los más pobres también. En un mundo donde existe tanta desigualdad es muy difícil que las oportunidades sean para todos por igual y eso hace que, por ejemplo, la migración sea una alternativa normal cuando el ser humano trata de buscar mejores satisfactores para una mejor calidad de vida, que lo lleve a un crecimiento para que esa brecha pueda empezar a bajar, pues no existe una política pública que a corto, mediano o largo plazo haya funcionado.

Para Queralt Lange,[38] en una sociedad bien ordenada, un concepto de justicia estable se encuentra asegurado mediante un deseo moral fuerte y efectivo de actuar, para que existan instituciones justas que las personas desarrollan a partir de su visión basada en la reciprocidad, pues sólo de esta manera los individuos perciben el beneficio de creer en las instituciones con base en los siguientes elementos: crear un concepto de justicia como un deseo moral, fuerte y efectivo que *a*) garantice el autorrespeto de los individuos, *b*) asegure un bienestar material mínimo y *c*) limite las desigualdades.

Para la Fundación de Cooperación, Investigación y Desarrollo Europa-América Latina (CIDEAL),[39] existen muchos factores que hacen posible que de manera real los derechos humanos funcionen, por ejemplo, partir de la sencillez en los métodos y herramientas utilizados, promover la participación directa de los actores implicados, evitar la burocracia con procedimientos que resulten sencillos y fáciles, trabajar de manera cooperativa y colaborativa, buscar espacios de comunicación que contribuyan a la aplicación práctica de los derechos, tratar de asegurar que la garantía de uno depende del logro de otros.

Construir un nuevo discurso que sea más coherente con la realidad es indispensable, no podemos pensar en el avance de la ciencia sin el avance de los valores porque sólo de esa manera podemos encontrar un equilibrio para poder construir una sociedad responsable donde la libertad esté implícita al realizar cualquier actividad, donde no sea necesario

---

my-For-the-1-How-privilege-and-powerin-the-economy-drive-extreme-inequality-and-how-this-can-be-stopped#fullscreen&from_embed).

[38] Queralt Lange, Jahel, *Igualdad, suerte y justicia*, España, Marcial Pons, 2014, p. 147.

[39] Gómez-Galán, Manuel *et al.*, *Derechos humanos y empresas, avances desde España*, España, Fundación CIDEAL, 2015, pp. 136, 137.

estar vigilando a quien en representación de nosotros debe salvaguardar la dignidad humana, generando conciencia de que uno se engaña a sí mismo en su percepción de la realidad, y que el ejercicio de cualquier libertad depende del respeto hacia las personas con las que interactuamos.

Para Bauman,[40] hay que intentar proteger la dignidad con la que nace el ser humano, la perfección no puede imponerse por ley, no se puede imponer al mundo que asuma una conducta virtuosa, tampoco podemos hacer que el mundo sea amable, considerando a los seres humanos que lo habitamos, pero hay que intentarlo, vale la pena correr el riesgo para no perder el valor más preciado del ser humano que es la dignidad.

Derechos humanos y justicia alternativa

En México estamos en un momento crucial en este parteaguas histórico que nace con la reforma constitucional en materia de derechos humanos y de manera directa con la aplicación del principio *pro homine*. El rompimiento paradigmático del derecho nos lleva a enfrentar nuevas situaciones y acciones que ponen en juego la estabilidad política de nuestro país, ya que esto se ve reflejado en la reacción imperante de inconformidad en la sociedad donde se palpa que ya existe colisión de derechos humanos en su aplicación y también un uso abusivo de los derechos humanos.

Gran parte de los problemas por los que atraviesa el país en este momento se encuentran relacionados con las reformas constitucionales. Por ejemplo, la reforma educativa no avanza de manera total porque no se socializó; en este sentido, hay que partir de que la norma jurídica no debe ser una mera expresión arbitraria del poder, pues permite un cierto margen de libertad y está condicionada por un conjunto de valores que la limitan desde su origen, y que la dinámica social le permite irse adecuando a la realidad social imperante como un elemento integrador de la constante relación de valor y hecho.

Es por ello por lo que se tiene que admitir ciertas limitaciones para la funcionalidad del derecho, me referiré a dos principalmente: *1)* En primer lugar, deberá reconocerse que la ley, como obra humana, es forzosamente incompleta, por grande que sea la perspicacia de sus redactores.

[40] Bauman, Zygmunt, *Amor líquido*, México, Fondo de Cultura Económica, 2017, pp. 112, 113.

2) Habrá que tomar en cuenta en segundo término, que se manifiesta siempre a través de ciertas fórmulas, que suelen ser interpretadas por otras personas y que su interpretación nos lleva a ver que los operadores jurídicos tienen ciertas limitaciones, más en este momento con la aplicación del principio *pro homine*.

En el informe 2018 del Índice Global de Impunidad (IGI) es posible extraer diversas conclusiones sobre el particular caso mexicano:

1. México empeora en los índices de impunidad global y estatal. El índice de impunidad de México aumentó tanto en el ámbito global como en el ámbito de los estados de la República.
2. Ocupa el cuarto lugar del Índice Global de Impunidad (IGI, 2017) con 69.21 puntos (Croacia es el país con el menor índice con 36.01 y Filipinas el peor con 75.6). México encabeza la lista de países del continente americano con el más alto índice de impunidad.
3. El promedio nacional del Índice de Impunidad (IGI-MEX, 2018), tomando en cuenta a las 32 entidades, aumentó a 69.84 puntos en comparación con la última medición de 2016 que fue de 67.42.[41]

La dinámica social y su interactuación se ven reflejadas en la necesidad misma de encontrar una respuesta, lo cual nos ha llevado a buscar alternativas de solución a la problemática en la que nos encontramos inmersos; su compresión y su dramática complejidad nos llevan a construir una serie de expectativas que nos den estabilidad sobre el comportamiento de la sociedad en sus aspiraciones y necesidades, aunque existe un gran decrecimiento de los valores.

El proceso cultural de los derechos humanos en México y el mundo ha tenido como resultado que la sociedad esté más alerta y exija respeto a sus libertades tanto individuales como colectivas. El derecho internacional ha jugado un factor fundamental en su reconocimiento y aplicación práctica, sobre todo en una sociedad como la nuestra que no confía en sus autoridades, que exista un alto grado de impunidad.

[41] https://www.udlap.mx/igimex/resumenejecutivo.aspx (consultada el 11 de octubre de 2019).

La confianza es un elemento que garantiza que cualquier acción que se intente se pueda realizar siempre y cuando se dé un trato adecuado a los miembros de la sociedad. La confianza política supone asumir ciertas características de las estructuras en que se sustentan la participación y actuación de los particulares, de esta manera se va a generar confianza en la medida que se asegure a futuro una actuación efectiva y justa.[42]

Derechos humanos

Estos derechos tienen una larga historia, que se puede rastrear desde las diferentes doctrinas que se aborden y desde la perspectiva de diferentes doctrinarios, pero todos tienen en común elementos que desde el punto de vista subjetivo se relacionan con la búsqueda de lo que en la doctrina platónica ya se enunciaba como la felicidad del ser humano.

John Locke, al abordar el pensamiento individualista liberal en su obra *Tratado del Gobierno Civil*, señala que todo hombre nace libre e igual, sin distinción e independiente, y se encamina a un proceso en el cual el ser humano no encuentre distinciones; en tanto que el Estado es producto de la organización de la sociedad para la satisfacción de sus propias necesidades, y se refleja en los derechos humanos señalados como inalienables, imprescriptibles e inmutables.[43]

Como podemos palpar, la importancia de la Revolución francesa radica en que es un parteaguas político y social en la historia occidental, puesto que rompió con las ideas de las monarquías absolutas al originar una serie de acciones que generaron muchos cambios en las estructuras del poder, que hasta ese momento habían existido con claras repercusiones en la organización jurídica de lo que conocemos como Estado.

Los pensadores de la Ilustración, como Voltaire, Montesquieu y Rousseau, sustentan una corriente crítica de censura hacia la organización social y los gobiernos despóticos absolutos, sobre la base de la existencia de los derechos que era necesario que fueran reconocidos a los hombres.

---

[42] Turégano, Isabel, "Crisis del Estado de bienestar y pérdida de confianza política", en Betegón, Jerónimo, y De Páramo, Juan Ramón (coordinadores), *Derecho, confianza y democracia*, España, Bomarzo, 2013, pp. 58, 59.

[43] Locke, John, *Segundo Tratado del Gobierno Civil*, España, Alianza, 2019, pp. 42-53.

Voltaire proclama una monarquía ilustrada y tolerante, fundada en la igualdad de todos los hombres respecto a los derechos naturales de libertad, propiedad y protección legal. Los enciclopedistas sustentan la consagración de los derechos naturales del hombre en la recomposición del mundo en un plano teórico.[44]

Rousseau, en su obra *Le Contrat Social*, parte de la igualdad natural de los hombres a través de una igualdad política integral, al concebir al individuo en dos esferas en que obra de manera individual, autónoma y autosuficiente. Una, cuando el súbdito obedece las leyes que son vetadas por la comunidad política, y otra, cuando, como ciudadano, participa de la voluntad general en la comunidad política donde es soberano, pues cede sus derechos a esa organización *supra* sin reservas, a favor de la comunidad política, en la que cada uno adquiere los mismos derechos que les otorga a los demás. Por lo tanto, se establece el hecho de que cada contratante está vinculado con todos y queda sujeto a sí mismo, es decir, se encuentra libre para actuar.[45]

En la obra *l'esprit de lois* de Montesquieu, se comparte la idea de un orden universal y de un orden natural que mediante el razonamiento humano nos puede llevar a la verdad al construir los elementos que permitan descubrir las leyes naturales que existen y que son necesarias para la sana convivencia sin más libertad que la garantía de la ley, entendida la libertad como el derecho de hacer todo lo que las leyes permiten, buscando la seguridad jurídica del ciudadano frente a un abuso de poder por parte del monarca, con lo que descarta el gobierno arbitrario y despótico.[46]

Hay un reconocimiento expreso del ser humano como un ente racional, que puede por sí mismo organizarse buscando no sólo satisfactores para su subsistencia, sino al mismo tiempo para sobrevivir como un ente integrante del reino animal, que al final depende de sí mismo. Para lograrlo, ese reconocimiento primero nos lleva a tratarnos con respeto y a cuidar que nuestra dignidad humana no sea vulnerada.

Así encontramos que la dignidad humana es la columna vertebral de los derechos humanos, y el Estado se encuentra al servicio del ser

---

[44] Burgoa Orihuela, Ignacio, *El juicio de amparo*, 41ª edición, México, Porrúa, 2009, p. 90.

[45] Rousseau, Jean-Jacques, *El Contrato Social*, México, Porrúa, 2003, pp. 99-105.

[46] Montesquieu, *El espíritu de las leyes*, México, Porrúa, 2001, pp. 140-145.

humano. Por lo tanto, todo poder del Estado dimana del pueblo y como premisa primaria está respaldado en la dignidad humana, que es una de las cadenas de legitimidad necesarias en el Estado constitucional.[47]

La reforma a la Constitución Política de los Estados Unidos Mexicanos del 10 de junio de 2011 ha generado un rompimiento paradigmático del derecho al introducir como un principio de obligatoriedad el principio *pro homine*, dando cumplimiento a lo estipulado en los tratados internacionales de los que formamos parte, a fin de tener un derecho interno que vaya de la mano con el derecho internacional.

Aunque hay que tener en cuenta que estas reformas, más que jurídicas, responden al aspecto político de los grupos de poder, sin considerar el legislador en la filosofía aristotélica, según la cual un buen legislador sabe cuáles son los buenos medios para que los ciudadanos sean hombres de bien, buscando una vida mejor, que parten de tres elementos que conforman al individuo y que nos ayudarían a tener un mejor ordenamiento jurídico: la naturaleza, la costumbre y la razón.[48]

Esta reforma trata de buscar una aproximación jurídica a los derechos humanos dentro de México. Es un proceso de reforma constitucional que se ha sumado a otras, como la reforma penal y la ley de amparo, que deben ser acordes con el avance logrado hasta ahora en esta materia, en un mundo globalizado que se ha inclinado por ver más de cerca al ser humano, proteger sus derechos y vigilar que las reglas que se apliquen no vulneren la dignidad humana.

El reto pendiente por conseguir es que ahora como ciudadanos debemos no sólo conocer nuestros derechos y obligaciones, sino comprender sus alcances en una sociedad tan convulsionada como en la que estamos viviendo, y donde los operadores jurídicos en materia de procuración y administración de justicia invoquen no sólo el texto de la ley, sino que además se basen en los tratados internacionales con la convicción y conciencia plenas del alcance de las facultades que les otorgan estas reformas.

Un ejemplo claro de esta nueva manera de trabajar se puede ver en cómo los órganos que operan el sistema jurídico mexicano no saben qué hacer a nivel federal ni estatal para resolver este problema de fondo, y más bien tratan de ir con su adaptación y aplicación de manera gradual.

---

[47] Haberle, Peter, *El estado constitucional*, Argentina, Astrea, 2007, p. 295.
[48] Aristóteles, *La política*, España, Gredos, 1999, p. 1333.

Exactamente es lo mismo que sucede en otros órganos en materia de derechos humanos, como la Comisión Interamericana de Derechos Humanos (CIDH), la Corte Interamericana de Derechos Humanos (COIDH), la Comisión Nacional de los Derechos Humanos (CNDH) y las comisiones estatales, así se observa en el siguiente ejemplo.

Caso Rosendo Radilla, México

Problemática: El 25 de agosto de 1974, Rosendo Radilla a los 60 años realizó un viaje junto con su hijo Rosendo Radilla Álvarez de 11 años, en el autobús de la línea Flecha Roja que iba de Atoyac de Álvarez con dirección a Chilpancingo.

El autobús fue detenido en un retén militar y elementos del Ejército Mexicano hicieron descender a todos los pasajeros, quienes de nuevo abordaron el autobús y continuaron su trayecto. Sin embargo, el militar que daba las órdenes detuvo a Rosendo Radilla (su delito: componer corridos en contra del gobierno).

De 1974 a 1990. A pocos días de su detención (25 de agosto de 1974) los familiares de Rosendo Radilla realizaron una serie de denuncias públicas y gestiones, únicamente a través de familiares y conocidos, para ubicar al señor Radilla, porque no existían prudentes condiciones de seguridad para acudir a las instancias de procuración de justicia de la época.

El 14 de enero de 2002 se inició el trámite de la petición con la solicitud al Estado mexicano de observaciones dentro del plazo de dos meses. Las partes siguieron remitiendo sus observaciones e información adicional, hasta que la Comisión Interamericana consideró suficientemente definida la posición de cada una de ellas. El 21 de octubre de 2004 se celebró una audiencia ante la CIDH en la que la parte peticionaria y el Estado fijaron sus posiciones. (CIDH, Informe, 2005).

El 15 de noviembre de 2001 se levantó una denuncia ante la COIDH contra el Estado mexicano, en la cual se alegaban violaciones a derechos protegidos por la Convención Americana de Derechos Humanos (CADH): derecho a la vida (Artículo 4), derecho a la integridad personal (Artículo 5); derecho a la libertad personal (Artículo 7); garantías judiciales (Artículo 8); protección judicial (Artículo 25) en perjuicio de Rosendo Radilla Pacheco. Asimismo, los peticionarios denunciaron la violación de los artículos I, II, IX, XI, y XIX de la Convención Interamericana sobre Desaparición Forzada de Personas.

La Comisión Interamericana declaró el 12 de octubre de 2005, sin prejuzgar sobre fondo del asunto, que la petición era admisible en relación con los hechos denunciados y respecto de los artículos: 4 (derecho a la vida); 5 (derecho a la integridad personal); 7 (derecho a la libertad personal); 8 (derecho a garantías judiciales) y 25 (derecho a protección judicial) de la Convención Americana; a la obligación de respetar los derechos a que se refiere el Artículo 1(1) de dicho tratado; así como los artículos I, III, IX, XI, y XIX de la Convención Interamericana sobre Desaparición Forzada de Personas.

Una vez que la Comisión Interamericana admitió el caso a estudio, fue enviada la demanda y admitida por la Corte Interamericana el 15 de marzo de 2008. La sentencia fue dictada el 23 de noviembre de 2009, en la que la Corte declaró:

> La responsabilidad internacional del Estado mexicano en la violación de los derechos a la libertad personal, a la integridad personal, al reconocimiento de la personalidad jurídica y a la vida, consagrados en los artículos 7.1, 5.1, 5.2, 3 y 4.1 de la Convención Americana sobre Derechos Humanos.

> Total de años: 35, para emitir una resolución por la CoIDH.

Esta reforma va a impactar de manera directa en el funcionamiento de nuestro sistema jurídico, sobre todo por la interpretación forzosa que los jueces en los tribunales tienen que realizar. Esto nos lleva a los principios generales donde nos introducimos en los valores, que da como resultado una pérdida de legalismo,[49] adquiriendo una nueva responsabilidad en la medida en que vayan entrando en funcionamiento los tratados internacionales, recordando que fueron firmados de buena fe y al implementarlos cualquier diferencia tendrá que realizarse de la misma manera.

Principios de proporcionalidad y de ponderación

La interpretación de los derechos humanos presenta una serie de dificultades derivadas de su misma estructura, al tratar de establecer cuál de los derechos humanos que se encuentran en disputa tiene una mayor

---

[49] García Enterría, Eduardo, *Los diez mejores jueces de la historia americana*, España, Civitas, 1980, pp. 13, 14.

preponderancia, y en este sentido de qué manera podemos resolver el conflicto que actualmente enfrentamos con las protestas del magisterio por la reforma educativa, el derecho humano a la libre manifestación o el derecho humano a la educación con base en el derecho superior del niño; al libre tránsito o bien el derecho a la vida cuando alguien con una enfermedad grave pierde la vida por no llegar a un centro donde lo puedan atender.

Estos derechos, al estar en colisión, nos llevan a buscar de qué manera se pueden vulnerar lo menos posible, eligiendo la mejor opción. Alexy, cuando habla de la aplicación de la ponderación, establece que para resolver tenemos que hacerlo de acuerdo con las posibilidades fácticas y jurídicas que implican los tres subprincipios de idoneidad, necesidad y proporcionalidad en sentido estricto, que definen lo que debe entenderse por optimización.[50]

Pero hasta dónde dos intereses radicalmente opuestos, como los de los maestros y los de los menores a recibir educación, podrán encontrar un equilibrio basado de manera racional en sus necesidades, cuando vemos que lo que menos les interesa a los maestros es dejar el coto de poder que durante tantos años han disfrutado; pero también, hasta dónde el Estado puede lograr convencer de manera racional a quienes se oponen a la reforma educativa, de que la mejor forma de avanzar es participando de manera directa en los cambios que son necesarios.

El principio de ponderación es racional y estructurado, y provee a la teoría de los principios, en cuanto a la primera y segunda regla donde ambas están insertas por el hecho de que son reglas que ordenan que algo debe realizarse lo mejor posible desde el punto de vista fáctico. La proporcionalidad es relevante cuando en un acto que realiza el Estado es adecuado y necesario, como propone Alexy, un resultado intermedio: "[…] que los derechos fundamentales basados en principios implican una estructura racional de argumentación orientada a través del concepto de ponderación y que una estructura racional de argumentación jurídica implica que los derechos fundamentales tienen que basarse en principios".[51]

[50] Alexy, Roberto, *Teoría de los derechos fundamentales*, 2ª edición, España, Centro de Estudios Políticos y Constitucionales, 2007, pp. 523, 524.

[51] Alexy, Roberto, *Derecho y razón práctica*, México, Fontamara, 1993, p. 39.

Partiendo del pensamiento filosófico de Weber,[52] el racionalismo es una doctrina de la teoría del conocimiento y de la ciencia, donde no es la experiencia, sino el entendimiento el mejor camino. La *ratio* es el pensamiento basado en la razón, que desde el punto de vista subjetivo se asocia a un comportamiento determinado, para los fines y acciones que se intentan lograr.

Es así como Olivé[53] nos dice que la razón y la racionalidad van de la mano, pues es una capacidad que permite elegir creencias, acciones o metas atendiendo a esos criterios en su contexto, y se les pueden atribuir a los seres humanos normales, llevando consigo la posibilidad del diálogo, del reconocimiento de sus razones y de algunos criterios que operan en su comunidad, que quedan a la libertad de los sujetos que las ejercen o no.

¿En qué proporción podemos ver que nuestra sociedad va a actuar de manera racional? si principalmente lo hacemos de manera emocional respondiendo a ciertos impulsos que nacen del proceso cultural en el que hemos estado inmersos, como la cultura de la violencia, donde lo más importante es ganar aun en contra del otro que tiene la razón ¿hasta dónde podemos actuar pensando que la felicidad individual va de la mano con la felicidad colectiva?

Para Carpintero,[54] la razón humana consta de dos elementos, por un lado, es una razón participada que se integra al *intellectus,* que conoce de reglas morales, y por otro lado es activa porque ha de calcular razonando qué es lo que más o mejor le conviene, que es sometido a sus necesidades siempre cambiantes y al analizarlos nos lleva al *animus* y al *corpus.*

Dentro de la autonomía de la voluntad, al reflexionar sobre qué es lo que más o mejor conviene, nos lleva a establecer una máxima y una mínima, buscando siempre que el ser humano al ser titular de su voluntad se encamine a conseguir lo que mejor le conviene, dando nacimiento a una voluntad general de quienes participan en esas acciones que nacen

---

[52] Weber, Max, *Conceptos sociológicos fundamentales*, 1ª reimpresión, España, Alianza, 2010, p. 179.

[53] Olivé, León, *Razón y sociedad*, 2ª edición, México, Fontamara, 1999, pp. 50, 51.

[54] Carpintero Benítez, Francisco, *La ley natural, una realidad aún por explicar*, México, Instituto de Investigaciones Jurídicas/UNAM, 2013, p. 78.

de una buena actitud para escuchar y un esfuerzo por comprender al otro, junto al disimulo selectivo que te hace decir lo que el interlocutor desea escuchar que es útil a fin de conseguir sus fines.

Desde el punto de vista de la proporcionalidad encontramos que Fernández Nieto nos dice que este principio se debe integrar por criterios que permitan medir o sopesar la licitud de todo género de límites normativos de las libertades, con la finalidad de que al resolver existan alternativas más moderadas con un igual grado de eficacia, de tal manera que al tomar la determinación haya mayores beneficios que perjuicios en el conjunto de derechos e intereses en juego.[55]

De esta manera, la colisión de derechos nos lleva a buscar una serie de elementos que, sin ser obligatoriamente aplicables, sí nos ayuden a encontrar la solución que afecte en menor grado estos derechos y que al resolver sus necesidades se vean reflejadas con las mejores opciones posibles de tal manera que la afectación sea mínima.

Cuál es la forma en que debemos participar para encontrar una respuesta donde gran parte de los razonamientos se tratan de resolver con este tipo de elementos. Atienza hace mención de que uno de estos principios debe ceder ante el otro para poder resolver, o bien, analizar cuál de estos principios tiene un mayor peso, o cuando establece que el conflicto debería solucionarse mediante una ponderación de intereses contrapuestos, o cuál de los intereses del mismo rango posee mayor peso en el caso concreto.[56]

En cuanto a la reforma educativa, los intereses del magisterio están bien definidos, pues no buscan un equilibrio entre lo que se les pide y lo que ellos quieren realizar. Por ello, la lucha del poder se ve reflejada en la forma de querer manipular a la sociedad con una serie de acciones con base en el libre derecho de manifestación, sin que el Estado pueda imponer una serie de restricciones cuando hay afectaciones a terceros.

[55] Fernández Nieto, Josefa; *Principio de proporcionalidad y derechos fundamentales: una perspectiva desde el derecho público común europeo*, Madrid, España, Dykinson, 2009, p. 293.

[56] Alexy, Roberto, *Teoría de los derechos fundamentales*, 2ª edición, España, Centro de Estudios Políticos y Constitucionales, 2007, pp. 71, 72.

Esto nos permite entender que al aplicar este principio se pretende vulnerar lo menos posible estos derechos. Para Bernal Pulido, la ponderación es una estructura que no nos lleva a establecer una relación absoluta, sino "una relación de precedencia condicionada" entre los principios, aplicables del caso, a fin de determinar el sentido de la decisión judicial".[57]

El ser humano está capacitado para reflexionar que, para ejercer su derecho humano a la libertad es necesario que esa libertad sea respetada por quienes interactúan con base en la dignidad humana, al reconocer a los otros como entes iguales; y que por lo tanto, también tienen que realizar ciertas actividades que van de acuerdo con el rol que en ese momento están jugando dentro de la sociedad, y se ve afectado al no poder desplazarse a los lugares donde realizan esa actividad y que al final generará algún conflicto.

Para Alexy la procedencia condicionada se da tomando en cuenta el caso, se indican las condiciones tanto de uno como del otro principio para establecer de qué manera un principio precede al otro, aunque necesariamente por regla tenemos que argumentar para poder cumplir un principio a costa de otro, basados en la idea de que un discurso racional práctico nos va a ayudar a probar y fundamentar estos enunciados normativos.[58]

No cabe la menor duda de que, entre otras acciones que están naciendo con estas reformas, tendremos que estar atentos a cómo vamos a empezar a abordar dichos conflictos.

En la teoría del decrecimiento podemos reflexionar que el hombre no sólo es el principal depredador de la naturaleza, sino también que esto lo ha llevado a ser ahora depredador del mismo hombre. Hay un decrecimiento total de los valores cuando una persona busca sobresalir aun a costa de alguna degradación moral, sin importar en lo más mínimo lo que pueda decir la sociedad.

Podemos hablar, a partir de los recientes acontecimientos en México, de que existe una colisión de derechos humanos al tratar de aplicarlos de manera práctica y, al igual que en el positivismo, hay un uso abusivo

---

[57] Carbonell, Miguel y Grandes y Castro, Pedro P. (coordinadores), "El principio de proporcionalidad en el derecho contemporáneo"; artículo de Bernal Pulido, Carlos, 4ª reimpresión, Perú, Palestras 2010, pp. 45, 46.

[58] Alexy, Roberto, *Derecho y razón práctica*, México, Fontamara, 1993, 2010, pp. 37-39.

de los derechos humanos que se ve reflejado desde el momento en que la autoridad, al ejercer sus funciones, se encuentra constreñida a aplicarlos respetando siempre que entre los derechos humanos no debe haber una mayor jerarquía.

Capítulo III
El respeto de los Derechos Humanos en los procesos de justicia alternativa

Es muy común en la actualidad encontrar y hablar de los derechos humanos, partiendo de los tratados internacionales que son firmados por los representantes de los Estados, mediante los que se generan obligaciones y compromisos que van más allá de la simple firma o de la voluntad soberana de ratificarlos, pues van de la mano con el derecho internacional y nacen de las libertades fundamentales que cada una de las personas tiene derecho a ejercer.

De los tratados internacionales de derechos humanos firmados y ratificados por México y ante la necesidad de su aplicación práctica se implementó la reforma constitucional de 2011 que, en su Artículo 1°, establece:

> Artículo 1°. En los Estados Unidos Mexicanos todas las personas gozarán de los derechos humanos reconocidos en esta Constitución y en los tratados internacionales de los que el Estado Mexicano sea parte, así como de las garantías para su protección, cuyo ejercicio no podrá restringirse ni suspenderse, salvo en los casos y bajo las condiciones que esta Constitución establece (Reformado mediante Decreto publicado en el *Diario Oficial de la Federación* el 10 de junio de 2011).

Sin embargo, y a pesar de la publicación de este decreto de ley, seguimos encontrando una serie de elementos que han hecho imposible de manera real su aplicación con base en esta interpretación gramatical, lo cual encontramos al resolver el amparo directo 1060/2008 y los criterios sostenidos por el Séptimo Tribunal Colegiado en Materia Civil del Primer Circuito al resolver los amparos directos 344/2008 y 623/2008.

El citado precedente resuelto por el Primer Tribunal Colegiado en Materias Administrativa y de Trabajo del Décimo Primer Circuito dio lugar a las tesis aisladas de rubros "tratados internacionales. Cuando los conflictos se susciten en relación con derechos humanos, deben ubicarse al nivel de la constitución"[1] y "control de convencionalidad en sede interna. Los tribunales mexicanos están obligados a ejercerlo".[2]

Esto hace que al ejercer la autoridad una facultad discrecional en su aplicación quede a merced de la mencionada contradicción de tesis 293/2011, y se esté generando una serie de violaciones en esta materia, pues para ellos este tratado no tiene un carácter jurídico obligatorio, pues quien firmó únicamente se vincula de manera voluntaria de hacer cumplir sus compromisos de buena fe, sin remitirse al *pacta sunt servanda*.

Por eso los derechos fundamentales no deben depender de la voluntad de los gobernantes, pues otorgan al derecho ordinario una garantía adicional de que el Estado no sólo lo prevé frente a las personas privadas, pues también él mismo lo debe respetar y existe en la medida en que él se somete de manera voluntaria no sólo a sus mínimas, sino también a sus máximas, en los límites trazados a la libertad de los individuos que han otorgado voluntariamente de manera tal que no otorga poder coercitivo alguno.[3]

Sin olvidar que estos derechos tienen su nacimiento al trazar una línea de separación entre el Estado y el individuo, referencia que el legislador siempre debe tener en cuenta, pues es un límite que se im-

---

[1] Novena Época; Registro: 164509; Instancia: Primer Tribunal Colegiado en Materias Administrativa y de Trabajo del Décimo Primer Circuito; Tesis Aislada; Fuente: Semanario Judicial de la Federación y su Gaceta; Localización: Tomo XXXI, mayo de 2010; Materia(s): Común; Tesis: XI.1o.A.T.45 K; p. 2079.

[2] Novena Época; Registro: 164611; Instancia: Primer Tribunal colegiado en Materias Administrativa y de Trabajo del Décimo Primer Circuito; Tesis Aislada; Fuente: Semanario Judicial de la Federación y su Gaceta; Localización: Tomo XXXI, mayo de 2010; Materia(s): Común; Tesis: XI.1o.A.T.47 K; p. 1932.

[3] Grimm, Dieter, *Constitucionalismo y derechos fundamentales*, España, Trotta, 2006, pp. 526, 527.

pone para todo por tratarse de derechos del hombre, naturales, inalienables y sagrados;[4] de esta manera, lo único que hace esta contradicción de tesis, como su nombre lo indica, es contradecir lo que realmente se quiere decir desde la interpretación gramatical del párrafo segundo del Artículo 1° constitucional.

Para Bobbio,[5] la crítica a la sociedad origina la convicción de que la salvación de la humanidad sólo puede provenir de la transformación del ser humano y ello sólo puede derivarse de la transformación de la sociedad, aunque en este sentido la humanidad sigue yendo por la ruta equivocada, sigue empezando de arriba en lugar de hacerlo desde abajo, es decir, la transformación debe iniciar con la reforma interior y después con la relación material.

En México estos derechos han estado vigentes desde el punto de vista del derecho positivo desde la Constitución de 1857, a los que se les denominó derechos del hombre, que nacen del derecho natural; después en la Constitución de 1917 se les llamó garantías individuales, y con la reforma de 2011, derechos humanos; pero para conocer su aplicación en la realidad práctica basta con ver la duración del caso Radilla, que dio origen a esta reforma, el cual comienza desde su desaparición el 25 de agosto de 1974 hasta la recomendación emitida el 25 de noviembre de 2009; en total son 35 años sin que realmente se haya cumplido en su totalidad.

El ser humano es un ente que vive en una sociedad compleja de valores, creencias, tradiciones y conocimientos, sujetos a la dinámica de adecuación a la realidad siempre imperante; es un ser social por naturaleza, pues siempre necesitará de una serie de satisfactores para poder subsistir, que atiende a comportamientos sociales, jurídicos, morales y religiosos, que depende del comportamiento del grupo social en el que está interactuando para generar la armonía, aplicando, entre otras reglas, las sociales, y así encontramos que al coexistir: tu libertad termina donde inicia la mía y, *a contrario sensu*, mi obligación es respetar tu derecho de libertad con el que cuentas.

¿Cómo se visualiza la relación entre la ética y la política en una sociedad como la nuestra? Desde el punto de vista del realismo político

[4] Jellinek, Georg, *La declaración de los derechos del hombre y el ciudadano*, México, Instituto de Investigaciones Jurídicas/UNAM, 2003, p. 87.

[5] Bobbio, Norberto, *Teoría general de la política*, 3ª edición, España, Trotta, 2009, pp. 372, 373.

encontramos que la ética tiene su ámbito exclusivo en lo privado, mientras que la política lo tiene en el público, y que ambos son incompatibles,[6] y esta relación se ha intentado ejercer por dos vías, la vía liberal de Montesquieu, que lo ve desde el ámbito público, y busca moralizar al Estado con base en la división de poderes mediante el equilibrio de pesos y contrapesos,[7] o bien, por la vía democrática de Rousseau, quien busca la moralización del Estado convirtiendo al hombre privado en hombre público, bajo un pacto social basado en la igualdad, mediante el cual en teoría todos parten de las mismas condiciones y gozan de los mismos derechos.[8]

Aunado a lo anterior, no podemos dejar de analizar que el ser humano es un ser social, pues no puede vivir como ermitaño, y que está sujeto a la convivencia con otros seres humanos, la cual resulta muchas veces compleja, en virtud de que actuamos de manera emocional e intolerante. Esto provoca que el grupo social con el que convivimos genere serias deficiencias, así como capacidades para entendernos como grupo, respetando las reglas para lograr una sana convivencia que nos permita generar confianza en las actividades que día con día realizamos y que nos ayudan a subsistir.

Para Habermas,[9] es una relación de dependencia de masas que debe generar un espacio público de asociaciones libres que, a su vez, forme una cultura política más o menos racionalizada que cuente con un estado de conciencia moral, que nos lleve a emigrar a un estado de praxis en el estado democrático y a reconstruir en la vida diaria una fundamentación de tipo posconvencional a la medida de la conciencia pública, para entender en la constitución que podemos seguir o en su caso abandonar.

Los derechos humanos se basan en el principio de respeto por el individuo, su posición fundamental es que cada persona es un ser moral y

<hr>

[6] Rubio Carracedo, José, *Paradigmas de la política*, España, Anthropos, 1990, pp. 22, 23.

[7] Montesquieu, *Del espíritu de las leyes*, México, Porrúa, Colección Sepan Cuantos, núm. 191, 2001, pp. 145-154.

[8] Rousseau, Jean-Jacques, *El contrato social*, 10ª reimpresión, México, Colección Austral, 2000, pp. 62-66.

[9] Habermas, Jürgen, *Más allá del Estado nacional*, 2ª reimpresión, México, Fondo de Cultura Económica, 2000, pp. 162, 163.

racional que, con base en sus libertades, merece que lo traten con dignidad. Se llaman derechos humanos porque son universales. Mientras que
algunos grupos sociales disfrutan de derechos específicos que aplican
sólo a ellos, los derechos humanos son los derechos que cada persona posee (sin importar quién es o dónde vive) simplemente porque está vivo.

Estos derechos, que también son llamados "derechos individuales",
parten del derecho natural; son derechos morales, como el derecho a
la vida, a la libertad, a la integridad corporal, con los que las personas
cuentan independientemente de lo establecido en el sistema jurídico de
un país, y el Estado tiene la obligación moral de reconocerlos y llevar-
los al proceso legislativo para hacerlos derecho positivo.[10]

La moralidad vista desde esta perspectiva nos lleva a reflexionar hasta
dónde los operadores jurídicos tienen una corresponsabilidad moral en su
aplicación, tanto los fiscales, como los jueces. Al emitir sus resoluciones
llevan una gran carga de moralidad, pues implica en su reconocimiento
el lado humano de la persona independientemente de que tenga que
aplicar la norma jurídica al caso concreto, para justificar su acción.

En el ámbito internacional, ha habido un aumento significativo en el
aspecto normativo de los países, basado en la idea de que las relaciones
entre gobernantes y gobernados debe adecuarse a las libertades que deben existir, pues es una de las condiciones de que estos derechos sean
universales e indivisibles, considerando al ser humano como un ser
moral al que se le confiere existencia y dignidad, elemento esencial de
la condición humana.[11]

El ser humano, desde el momento en que interactúa en los grupos
sociales, busca su reconocimiento como persona al ser un ente racional
en igualdad de circunstancias, y eso conlleva que tenga el incentivo de
ser tratado en las mismas condiciones de los demás; pues, si bien es
cierto que el derecho se va a encargar de regular la conducta externa
del individuo, los valores se encargan de regular la conducta interna, en
tanto le dan vida al lado emocional del sujeto.

---

[10] Santiago Nino, Carlos, *Introducción al análisis del Derecho*, España, Ariel,
2013, pp. 196, 197.

[11] Piovesan, Flavía, "Protección de derechos sociales: retos en un *ius commune*", en Von Bogdany, Armin, *Construcción y papel de los derechos fundamentales y sociales*, México, Instituto de Investigaciones Jurídicas/UNAM,
2011, pp. 342, 343.

El respeto parte del reconocimiento del ser humano a ser libre, a que por medio de la autonomía de la voluntad pueda decidir por sí mismo las actividades que pretende realizar, pero con un orden que elimine la amenaza recíproca de la libertad, donde los derechos humanos parten de un progreso ético, que tiene como eje rector al ser humano que al ejercitarlos está limitada de tal manera que su aplicación es para todos por igual.

La dignidad humana

Es el resultado de ese conjunto de valores que tienen su nacimiento en el respeto mutuo de todos los integrantes de la sociedad y que, partiendo de la libertad, se reflejan en su comportamiento y en su actitud al actuar de manera racional, buscando el mayor bien entre sus integrantes, de manera responsable.

Cuando hablamos del mínimo goce de los derechos humanos, nos referimos a las condiciones mínimas que se deben tener para vivir dignamente, y ese goce mínimo contempla los aspectos básicos que se consideran elementales para el desarrollo de la vida humana en la sociedad. De esta manera, la igualdad juega un factor fundamental como principio básico para la realización de tales fines, teniendo en cuenta la evolución histórica y económica de la sociedad.[12]

Tan es así que la Declaración Universal de los Derechos Humanos en su preámbulo establece:

> Considerando que los pueblos de las Naciones Unidas han reafirmado en la Carta su fe en los derechos fundamentales del hombre, en la dignidad y el valor de la persona humana y en la igualdad de derechos de hombres y mujeres, y se han declarado resueltos a promover el progreso social y a elevar el nivel de vida dentro de un concepto más amplio de la libertad.[13]

---

[12] Rossetti, Andrés, "¿Mínimos o proporciones? Reflexiones sobre el cumplimiento y respeto de los derechos (sociales)", en Ribotta, Silvina y Rossetti, Andrés (eds.), *Los derechos sociales y su exigibilidad*, España, Dykinson, Universidad Carlos III de Madrid, 2015, pp. 49-51.

[13] http://www.un.org/es/universal-declaration-human-rights/ (consultada el 9 de julio de 2018).

Esta referencia nos hace ver cómo el ser humano es el eje central de esta declaración que después se ve reafirmada por otros textos constitucionales como en la Constitución Mexicana, que en su Artículo 1°, fracción V dice:

> Queda prohibida toda discriminación motivada por origen étnico o nacional, el género, la edad, las discapacidades, la condición social, las condiciones de salud, la religión, las opiniones, las preferencias sexuales, el estado civil o cualquier otra que atente contra la dignidad humana y tenga por objeto anular o menoscabar los derechos y libertades de las personas.[14]

En estas líneas se observa que la dignidad humana está en el centro de la toma de decisiones en la organización colectiva y esto no es más que un reflejo de un progreso moral que consiste en reconocer que todos los seres humanos valemos lo mismo, y que es importante trabajar en la organización de las estructuras sociales que nos lleven de la mano con una serie de valores de seguridad, libertad, igualdad y solidaridad entre otros, que tienen como fin último su protección.

Para Cicerón, la *dignidad* representa la cualidad de la conducta individual conforme a las virtudes del decoro y la fortaleza, que nace del autoconocimiento de la naturaleza humana y de ajustar el comportamiento buscando que la recta razón domine los sentimientos y que pueda sentir la relación existente entre el bien y el mal:[15] "El ser humano siente su dignidad reconociendo la fuerza de su voluntad personal y superando los límites de su condición humana".[16]

El derecho de autodeterminación se encuentra estrechamente vinculado con la dignidad humana como la base de todos los derechos humanos; es un presupuesto indispensable para la persona que nace del Estado de derecho democrático y liberal, y que busca su reconocimiento

---

[14] www.juridicas.unam.mx/legislacion/ordenamiento/constitucion-politica-de-los-estados-unidos-mexicanos (consultada el 9 de julio de 2018).

[15] Cicerón, citado por Pele, Antonio, *La dignidad humana*, España, Dykinson, Universidad Carlos III de Madrid, pp. 378-380.

[16] Pele, Antonio, *La dignidad humana*, España, Dykinson, Universidad Carlos III de Madrid, p. 380.

en cualquier actividad que realice o pretenda realizar en el libre ejercicio de sus libertades.

La teoría política de la libertad se da para Bobbio a partir de tres elementos:

1. Todo ser humano debe tener una esfera de actividad personal protegida contra la injerencia del poder estatal.
2. Todo ser humano debe participar en la formación de normas que deberán regular más tarde su conducta en aquella esfera que no está reservada al dominio de su jurisdicción individual.
3. Todo ser humano debe disfrutar de los comportamientos previstos por los ordenamientos constitucionales gozando de bienes suficientes para gozar de una vida digna.[17]

Esta imagen del hombre libre considera a la organización del Estado como un instrumento y no un fin que se forma a partir de la voluntad general en la toma de decisiones, que satisface algunas necesidades materiales y espirituales, y que se encuentra reflejada en la *Declaración Universal de los Derechos Humanos* en los artículos 7 y 20; la libertad política, en el artículo 21, párrafos I y III, y en los artículos 22 y 27, que hablan de los derechos sociales que son indispensables para su dignidad.[18]

Lo anterior nos permite comprender que el eje rector es el ser humano y es a partir de la persona como vamos a actuar frente a los demás sabiendo que cada individuo es un ente con su propia personalidad, de ahí que a cada uno pertenecen similares intereses como una consecuencia natural de los valores que han sido generados por la sociedad, buscando patrones de conducta afines que garanticen sus permanencia y actuación.

La libertad política adquiere su máxima dimensión cuando existe un reconocimiento expreso del ciudadano, de sus derechos y obligaciones, así como de su autonomía en la toma de decisiones y su libertad. Entonces, para que pueda funcionar, queda a la voluntad de los otros sujetos con los que interactúa, ejerciendo sus derechos con responsabilidad y

---

[17] Bobbio, Norberto, *Teoría general de la política,* 3ª edición, España, Trotta, 2009, pp. 525, 526.

[18] http://www.un.org/es/universal-declaration-human-rights/ (consultada el 8 de julio de 2017).

optando, según su forma de pensar, por aquellas acciones que beneficien al mayor número de entes de una sociedad igualitaria.[19]

El concepto de igualdad ha permeado en el ámbito mundial, pues debido a la globalización nos encontramos en una posición cosmopolita donde los efectos que se generan en cualquier país de Europa repercuten en América o en Asia, y esto hace que el reconocimiento a la dignidad del ser humano se difunda y llegue a cualquier parte del mundo; aunque uno de los problemas globales mayores que enfrentamos en este momento es la migración, fenómeno presente tanto en África y Europa, como en Norteamérica y Sudamérica.

El ideal cosmopolita es establecer una ciudadanía única en esta *polis* global. Aunque sea miembro de un Estado, con la globalización el individuo es ciudadano del mundo, pues si los humanos pertenecen a una misma especie, deben poseer una ciudadanía genérica. Así, aun cuando los Estados fueran autónomos, deberían respetar siempre los derechos humanos de todos, pues las actuales tendencias nos llevan a la construcción de una sociedad civil cosmopolita.[20]

Constitución alemana

Uno de los documentos que reflejan desde el punto de vista del positivismo una idea clara de los derechos humanos es sin duda la Ley Fundamental de la República Federal de Alemania (23 de mayo de 1949), que nos dice en qué consiste la función del Estado y en qué consiste la función de la sociedad:

Artículo 1°. Protección de la dignidad humana, vinculación de los poderes públicos a los derechos fundamentales.

1. La dignidad humana es intangible. Respetarla y protegerla es obligación de todo poder público.
2. El pueblo alemán, por ello, reconoce los derechos humanos inviolables e inalienables como fundamento de toda comunidad humana, de la paz y de la justicia en el mundo.

[19] Dalla Vía, Alberto Ricardo, *Teoría política y constitucional*, México, Instituto de Investigaciones Jurídicas/UNAM, 2006, p. 40.

[20] Gomá Lanzón, Javier, *Dignidad,* Barcelona, Galaxia Gutenberg, 2019, pp. 41, 42.

3. Los siguientes derechos fundamentales vinculan a los poderes legislativo, ejecutivo y judicial como derecho directamente aplicable.[21]

La dignidad, por tanto, posee dos categorías, una en sentido moral y la otra social, ambas representadas. La primera es la posición subjetiva del individuo en la defensa de sus intereses personales y del respeto que goza el ciudadano en su fama y reputación; la segunda es la autoridad moral, el prestigio y la credibilidad, que hacen resaltar sus méritos y cualidades en cualquier actividad que realice tanto privada como pública.[22]

Gran parte de este sentido de responsabilidad del individuo se ha perdido en su interactuar, pues en este momento cualquier degradación moral es mínima con tal de lograr la realización de acciones personales que lo lleven a tener una existencia con mejores satisfactores, aunque esto no sea bien visto por la sociedad en la que interactúa. Una buena fama y una buena reputación quedan en el olvido, y el desprestigio y la falta de credibilidad es algo normal al grado que la corrupción y la impunidad han permeado en todas las estructuras de nuestra sociedad.

Aplicación de los derechos humanos

Si nosotros partimos de que los valores entran en el ámbito del derecho privado y la política en el ámbito público, y que ambos son incompatibles, la aplicación de los derechos humanos nos llevaría a hacer un análisis desde el punto de vista de la ética pública. Por lo tanto, tendremos que partir, como lo establece Andrés Ollero,[23] del ámbito de la creatividad con la participación de su capacidad racional que va de la mano con su capacidad de discernimiento, reflexionando en lo que más conviene desde el punto de vista ético y que se va a traducir en más y mejores ciudadanos.

---

[21] http://www.parlament.cat/document/intrade/6446 (consultada el 2 de septiembre de 2016).

[22] Pele, Antonio, *La dignidad humana*, España, Dykinson, Universidad Carlos III de Madrid, p. 382.

[23] Ollero, Andrés, *Derechos humanos, entre la moral y el derecho*, México, Instituto de Investigaciones Jurídicas/UNAM, 2007, p. 5.

Una doctrina ecléctica nos llevaría a visualizar desde el punto de vista de la ética pública cómo podríamos empezar a generar, por un lado, la confianza y la legitimidad necesarias en un proceso donde en este momento se ha perdido cualquier grado de credibilidad por parte de la ciudadanía en sus representantes populares, partiendo de establecer reglas claras, que exista reciprocidad, que haya transparencia y que se rindan cuentas, sin que sean estos los únicos, pero sí tratando de evitar la discrecionalidad que es mal utilizada por los funcionarios y que ha generado corrupción e impunidad.

Reglas claras

Un ejemplo claro de la aplicación de reglas lo podemos encontrar en el libro de Hart *El concepto del derecho*, en el que habla de dos tipos de reglas, las reglas primarias que son las obligaciones, y las reglas secundarias que parten de la regla de reconocimiento que van a otorgar potestades, aunque no siempre aparecen juntas, y así vemos cómo al aceptar la regla de reconocimiento, tanto los particulares como los funcionarios tienen criterios para identificar como autoridad las reglas primarias de obligación.[24]

Establecer ciertas reglas, ya sea en la familia como estructura primaria de la sociedad, o bien en cualquier área donde se interactúa en los determinados grupos sociales, nos lleva a determinar una regla de reconocimiento que es necesaria, no nada más para generar un orden, sino también para preservarlo, y ese reconocimiento por parte de la persona en particular y la persona como representante del Estado es la que al aplicarlo va a generar un cierto grado de legitimidad.

Para Sandel,[25] se debería trabajar en políticas públicas del bien común, tomando como una de sus primeras metas la reconstrucción de la infraestructura de la vida cívica, donde una sociedad justa requiere de un intenso sentido comunitario, encauzando a los ciudadanos una preocupación por sí mismo y por el bien común, y creando una cultu-

---

[24] Hart, Herbert L. A., *El concepto del Derecho*, Argentina, Abeledo-Perrot, 1961, pp. 101, 105, 125.

[25] Sandel, Michael J., *Justicia, ¿hacemos lo que debemos?*, España, Liberdúplex, 2011, pp. 298-302.

ra pública que al razonar en conjunto nos lleve a resolver las diferencias que en su aplicación pudieran surgir.

Reciprocidad

Este elemento es de suma importancia en virtud de que, cuando una persona pase del ámbito privado al ámbito público, su comportamiento debe de ser el mismo, pues única y exclusivamente al salir del ámbito de su autonomía individual lo lleva al ámbito público a cumplir con ciertas reglas que se tienen que dar para poder contar con los satisfactores siempre necesarios y buscar vivir con los mejores satisfactores posibles para el desarrollo de sus actividades de manera armoniosa.

Para Bentham,[26] este puede ser un mandato legislativo, y es un mandato de un subordinado investido de poderes y que está permitido para el bien general en su conjunto, y goza de autoridad porque el mismo soberano lo permite bajo el principio de utilidad en su ejercicio; por lo tanto, la toma de decisiones de quienes nos representan debe de ir implícita que su ejercicio va encaminado hacia el bien común, reflejado en acciones que son aprobadas y aceptadas por la sociedad de beneficio colectivo.

La reciprocidad en la representación popular se objetiviza desde el momento en que la persona sale de su ámbito privado y pasa a ser un ente público, en virtud de la representación que como mandato tiene que realizar y esta va acompañada de una serie de actividades que serán en beneficio de la sociedad, como un sistema justo de cooperación entre las partes que buscan materializar la idea, de un ente ético cuyos valores siempre lo llevan a tomar la mejor decisión consensada de los conflictos que surgen en la vida pública.

Este sistema justo de cooperación se desarrolla a partir de dos elementos, la idea de los ciudadanos considerados como libres e iguales y de una sociedad ordenada y regulada por una concepción pública de justicia, desde donde se puedan juzgar los reclamos que los ciudadanos plantean, buscando siempre obtener el apoyo razonable de la ciudadanía

---

[26] Bentham, Jeremías, *De los límites de la rama penal de la jurisprudencia*, México, UNAM/Ediciones Coyoacán, 2016, pp. 50-52.

y ver al mundo político desde una perspectiva limitada, donde la sociedad política tenga esa creencia y de qué manera se relaciona.[27]

La idea de la sociedad como un sistema justo de cooperación, y que sus justos términos sean razonables, los lleva a actuar pensando que, como ciudadanos libres e iguales, pueden cooperar con los demás en los justos términos de ser razonables, a fin de ser aceptados por todos, partiendo de su idea de reciprocidad y de que toda la gente salga beneficiada, partiendo de la imparcialidad y de la ventaja mutua.[28]

Transparencia

La actividad ética del ser humano se ve reflejada en las acciones que, desde el punto de vista privado, aportan prestigio y respeto, que en el momento de llevar a cabo cualquier actividad genera confianza en su actuación porque cualquier acto se trata de que sea lo más transparente posible. Entre los valores de la ética pública destacan: la legalidad, la honradez, la lealtad, la imparcialidad, la eficiencia, el interés público, el respeto a los derechos humanos, la igualdad, la integridad, la cooperación, la transparencia y la rendición de cuentas, entre otros, que si se cumplieran generaríamos una sociedad más responsable.

La transparencia es sin duda un elemento de suma importancia en el sistema político de todos los países y, por supuesto, en México. En las democracias contemporáneas se tiene que buscar cómo incentivar la integridad de los servidores públicos y hacerlos partícipes de sus propias necesidades, previniendo el abuso de poder en una sociedad en la que la desconfianza hacia el poder político se ha convertido en parte de nuestra cultura política.

Villoria[29] al respecto establece que una política de transparencia tendría tres objetivos esenciales:

1. Recuperar legitimidad para la acción de gobierno y reducir la desconfianza política e institucional.

---

[27] Rawls, John, *Liberalismo político,* 4ª reimpresión, México, Fondo de Cultura Económica, 2003, pp. 56-59.

[28] Rawls, John, *Liberalismo, op. cit.*, p. 68.

[29] C:/Users/JULIO%20CABRERA%20DIRCIO/Downloads/villoria.pdf (consultada el 14 de julio de 2017).

2. Prevenir la corrupción que ha aportado, durante los últimos años, nuevos titulares de prensa diariamente.
3. Reforzar la eficiencia gubernamental, gracias a los incentivos y desincentivos que la transparencia genera.

Una cultura política en materia de transparencia que impacte en la relación entre el Estado y la ciudadanía es de suma importancia, nos lleva a profundizar en algunas preguntas no resueltas en este momento y así encontramos la desconfianza de los ciudadanos con la esfera política que nos gobierna, regresando a las ciencias humanas y con ello a las acciones cívicas que se vean reflejadas en el autorrespeto y el deseo de trabajar buscando como premisa fundamental el beneficio de la sociedad.

Nuria Cunill[30] ha defendido que actuar de manera transparente en la gestión pública ayuda a generar confianza, a mejorar la calidad de la democracia y la eficiencia, que nace del incentivo de comportamiento, donde cada una de las partes espera que los demás actúen de la misma manera buscando siempre el beneficio colectivo que asegure una mayor obligación ética de quien se encuentre en la función pública.

Rendición de cuentas

La rendición de cuentas es el acto mediante el que los responsables de la buena administración de los recursos públicos tienen que informar en qué, cómo, cuándo y dónde se han aplicado, como parte de su función pública y que buscan resolver los satisfactores que, en materia de servicios públicos, se ofertaron a la sociedad.

Rendir cuentas es una obligación moral que lleva como finalidad actuar de manera responsable en la toma de decisiones que le fueron encomendadas a un servidor público desde el momento en que aceptó trabajar en beneficio de la colectividad. Para Sartori,[31] necesitamos una sociedad abierta donde la relación entre gobernantes y gobernados se fundamente en que el Estado debe estar al servicio de los ciudadanos y no los ciudadanos a su servicio.

[30] Cunill, N uria, "La transparencia en la gestión pública. ¿Cómo construirle viabilidad?", en Mezones F. (editor), *Transparencia en la gestión pública. Ideas y experiencias para su viabilidad*, Guatemala, Magna Terra Editores, pp. 25-59.

[31] Sartori, Giovanni, *¿Qué es la democracia?*, España, Taurus, 2007, p. 39.

Para que se pueda cumplir de manera racional y efectiva la implementación de este tipo de acciones, es necesario que se generen formas de cooperación social a fin de garantizar que la rendición de cuentas y su correcta aplicación nos lleven a construir una sociedad más responsable que se encuentre atenta a las formas de aplicación de los recursos públicos, generando la motivación de manera colaborativa en la persecución de los intereses colectivos y en la búsqueda de una mejor calidad de vida.

La justicia alternativa

Sin lugar a duda, el único proceso en el que no se violentan los derechos humanos es en la mediación, conciliación, arbitraje, soluciones amistosas y diplomacia, porque van de la mano con la libertad y el respeto a la autonomía de la voluntad personal. Esto hace que, desde el momento en que se presente uno de estos procesos, se tenga garantizada la decisión que se puede tomar de someterse o no a un proceso de este tipo.

La construcción científica de la mediación se fundamenta en la racionalidad de la comunicación, siendo su columna vertebral el diálogo, y esto implica un reto para el Estado de derecho, en la medida en que, con base en la reforma constitucional de 2008 en México, donde se reconoce la competencia de los ciudadanos en el proceso de administración de justicia, conlleva una crisis en los operadores jurídicos tanto de la procuración como en la administración de justicia.

La insatisfacción de la ciudadanía en general se ve reflejada en que sólo se denuncia 8% de los delitos que se cometen y que sólo 1% llega a tener una resolución final de la denuncia presentada. La complejidad del texto legislativo que es demasiado técnico y la demasía de reformas que se hacen a los textos jurídicos contribuyen a dificultar el acceso a la justicia, pues uno de los aspectos más preocupantes es la dilación, sobre todo, al momento de emitir los acuerdos de las resoluciones respectivas.[32]

Existe una necesidad directa de ofrecer alternativas de solución a esta problemática, utilizando nuevas formas metodológicas que contribuyan a modernizar el sistema judicial, pero, sobre todo, a generar una mayor confianza y credibilidad, simplificando los mecanismos jurisdiccionales

---

[32] Morales Fernández, Gracias, *Los sistemas alternativos de resolución de conflictos: La mediación, sistemas complementarios al proceso. Nuevo enfoque constitucional del derecho a la tutela judicial efectiva*, España, Hispalex, 2014, pp. 80, 81.

de acceso a esta función, con base en los valores ciudadanos que facilitan la implementación de la pacificación social, que es tan importante por parte del Estado.

Estas son algunas de las características que nos pueden ayudar a que su implementación se vea fortalecida por el interés de las partes en resolver sus conflictos de manera civilizada, buscando siempre una solución negociada que ayude no sólo a resolverlo, sino también a buscar una alternativa desde el ámbito emocional.

Algunas diferencias en el proceso entre el sistema de justicia tradicional y el sistema en justicia alternativa

Cuadro 1. *Contraste de las principales diferencias entre un sistema de justicia tradicional y uno alternativo*

Las constituciones tradicionales tenían la función principal de legitimar la toma de decisiones por parte del Estado	Las constituciones modernas legitiman la toma de decisiones, cuyo eje rector son las personas (principio pro persona)
Eje rector, el Estado	Eje rector, las personas
Representación en la actuación	Es personalísimo
Técnica jurídica	Flexibilidad y simplicidad
Citatorio	Invitación
Acto de autoridad fundado y motivado en la ley	Acto de autoridad fundado y motivado en la voluntad de las partes
El protagonista en el proceso es el Estado	El protagonista en el proceso son las partes
Autonomía de decisión por el Estado	Autonomía de la voluntad de las partes
Resolución con base en la ley	Resolución con base en los derechos humanos
Resolución unilateral por el Estado	Resolución de fondo por las partes
Cumplimiento de la resolución final	Cumplimiento de la resolución final
Obligación, poder coactivo del Estado	Obligación por convencimiento de las partes

Fuente: elaboración propia.

De esta manera, podemos ver que la justicia alternativa, sin ser la panacea que nos va a ayudar a resolver todos los problemas que en materia de procuración y administración de justicia están presentes en nuestra sociedad, sí nos puede ayudar a empezar a trabajar en un marco de libertad e igualdad, procurando siempre que se lleve a cabo un proceso de negociación en el que las dos personas de manera equitativa salgan ganando.

A continuación se mencionan algunos elementos que nos ayudan a trabajar de manera más directa en el proceso y que sirven de apoyo para hacer del proceso una experiencia armoniosa partiendo del ámbito emocional; con tal objetivo, el facilitador deberá utilizar algunas técnicas para motivar a los asistentes a participar de manera propositiva.

1. La sanción no es la mejor solución, es preferible actuar de manera responsable buscando alternativas de solución ante las acciones generadas en el interactuar diario.
2. Ser mediador nos lleva a descartar la violencia como instrumento para solucionar las diferencias entre las partes.
3. Aceptamos que los conflictos son parte de la vida y entendemos que no son ni positivos ni negativos.
4. Consideramos que todas las personas somos diferentes y valiosas, y que nuestra diversidad de sentimientos, pensamientos y culturas es fuente de riqueza para nuestro crecimiento personal y social.
5. No nos quedamos indiferentes ni apáticos cuando es necesaria nuestra participación si un compañero o compañera tiene algún problema.
6. Actuamos preventivamente, antes de que un pequeño conflicto llegue a crecer y genere consecuencias mayores.
7. Creemos que en un conflicto todo el mundo puede salir ganando.
8. Pensamos que hay muchas formas de avanzar en favor de la armonía de la sociedad, la mediación es una de ellas.
9. La grandeza del mediador se ve reflejada cuando es útil en cualquier conflicto que enfrenta y que genera diferencias en la sociedad.
10. Por eso, es importante divulgar las estrategias de gestión positiva de conflictos buscando la integración social.

En cuanto al perfil del facilitador, este debe reunir ciertas características, entre otras, su capacitación debe ser permanente. En nuestro país los poderes judiciales de los estados y de la Ciudad de México, con la acostumbrada frase de que no hay dinero suficiente, capacitan a los mediadores con un curso de no más de doscientas horas que necesariamente deben cumplir con un costo totalmente exagerado, para poder certificarlos haciendo de esto un negocio. En esta situación están, entre otros, el Tribunal Superior de Justicia de la Ciudad de México y del estado de Morelos.

La importancia de la prevención

En una sociedad como la nuestra, donde prevalece la desigualdad, donde hay muy pocos ricos y demasiados pobres, donde la economía informal es mayor que la formal, existe demasiada desconfianza en el servicio público y esta se ve reflejada en los indicadores y la poca o nula participación de las personas para solicitar que sus impuestos sean utilizados de manera eficiente y eficaz, y ni siquiera pensar en la honradez que debe de ser la base en que descansan los valores de una sociedad que ha perdido la posibilidad de ver una administración pulcra que responda a sus necesidades.

Establecer un mecanismo para visualizar la aplicación práctica de los derechos humanos nos conduce a empezar a trabajar construyendo una sociedad responsable, cuyos elementos principales se puedan ver desde la colaboración, la cooperación, pero sobre todo la solidaridad, esperando, como dice Hume,[33] que la experiencia que se obtiene de la implementación fortalezca y confirme la importancia del respeto de estos derechos.

La aplicación de la ética pública es, sin duda, un marco de esperanza que nos puede ayudar a encontrar una serie de elementos que coadyuven al mejoramiento al buscar una mejor calidad de vida para la sociedad, donde la libertad tanto moral como racional nos lleve a la moralización del Estado por los individuos, donde la voluntad personal pase a ser una voluntad general, donde la moral se traslade por completo al ámbito público.

---

[33] Hume, David, *Investigación sobre el conocimiento humano*, Madrid, Alianza, 2017, pp. 108, 109.

Ante los cambios generados por las reformas constitucionales en materia penal y de derechos humanos, ha surgido un nuevo paradigma que nos permite ver que en materia de procuración y administración de justicia el Estado ha dejado de tener el monopolio exclusivo del poder jurisdiccional, partiendo de la tutela judicial efectiva, donde los órganos judiciales juegan un factor determinante para lograr cumplir con una de las funciones más importantes que es la armonía de la sociedad.

Ahora es posible resolver las diferencias entre las personas de una sociedad mediante la autocomposición, conformada por la mediación, la conciliación, las soluciones anticipadas, la amigable composición, etc. En este proceso se aplica la máxima de los contratos en el derecho privado, que es la autonomía de la voluntad donde de manera directa quienes actúan por sí mismos pueden decidir de qué forma resuelven sus diferencias de manera propositiva y dentro del marco racional, fortaleciendo el interés de las partes para resolver sus conflictos de manera civilizada, buscando siempre una solución negociada que ayude no sólo a resolverlo, sino también a buscar una alternativa, desde el ámbito emocional.

Este cambio de visión en el sistema universal de justicia nos lleva a visualizar que las personas que quieran resolver de fondo las diferencias que han sido generadoras del conflicto, de manera proyectiva, propositiva y de fondo, podrán hacerlo por medio de la justicia alternativa, que tiene un desgaste menos emocional y que al final es una manera más civilizada para poder abordarlo, los que no podrán realizarlo mediante el sistema de justicia tradicional.

La justicia restaurativa, un nuevo paradigma

La modernidad, que es característica de nuestro siglo, ha ido de la mano con la pérdida de ciertos valores en el comportamiento humano, y esto ha generado una serie de elementos violentos en nuestro comportamiento, que han dado como resultado en nuestros países el surgimiento de conflictos violentos en el orden político, económico y social, donde la desconfianza se ha logrado permear en gran parte de los estratos sociales.

La tutela judicial efectiva a la que debemos tener acceso todos los que habitamos en el orbe se ve totalmente vulnerada todos los días por la violación constante de nuestros derechos, aun cuando en la Declaración Universal de los Derechos Humanos se establece la tutela judicial en el Artículo 8: "Toda persona tiene derecho a un recurso efectivo, ante los tribunales nacionales competentes, que la ampare contra actos que violen sus derechos fundamentales reconocidos por la constitución".

Esto nos indica que vivimos en una sociedad donde los conflictos cada día son mayores, por lo que es necesario buscar y explorar nuevos paradigmas respecto de la respuesta del Estado, la víctima u ofendido, el inculpado y la comunidad de frente al conflicto en el área penal; pues sólo de esta manera podremos encontrar alternativas de solución con la participación de todos los sectores de la sociedad encaminados al bien común.

Para Rousseau, "Siendo todos los ciudadanos iguales por el contrato social, todos pueden mandar lo que todos deben hacer, pero nadie tiene derecho de exigir que otro haga lo que él no hace";[34] por lo tanto, la reciprocidad en este nuevo paradigma juega un factor fundamental en busca de la paz que siempre es necesaria para vivir en armonía, y todos los que integramos ese grupo social donde interactuamos también somos partícipes en su solución.

En el liberalismo democrático, la participación de la sociedad en su conjunto en la solución de los conflictos que nos aquejan día con día es fundamental, para crear un espacio donde la convivencia social sea el eje y todos encontremos una motivación para trabajar de manera colaborativa, procurando generar en nosotros mismos y en las nuevas generaciones el deseo de vivir en armonía con nuestros semejantes, pues para ejercer nuestras libertades necesitamos que sean respetadas por las personas con quienes interactuamos.

De la misma manera como lo establece el liberalismo democrático en los presupuestos participativos, en los que las personas que intervienen en la asignación de recursos para las obras públicas también se vuelven fiscalizadoras y contraloras sociales que vigilan que los recursos únicamente sean destinados para lo que fueron solicitados y que cada peso sea bien utilizado, la justicia restaurativa también necesita de la participación decidida y activa de cada uno de los miembros de la sociedad.

En una sociedad tan compleja como en la que estamos viviendo donde la gobernabilidad democrática se ve rebasada por los conflictos, y la autoridad por la incapacidad para hacerles frente de manera adecuada,

[34] Rousseau, Jean-Jacques, *El contrato social,* México, Espasa Calpe, 2000, p. 127.

se propone el cambio de paradigma en la justicia restaurativa, en la cual el inculpado debe asumir su responsabilidad por el daño causado frente a la víctima u ofendido y este debe de ir orientado a buscar conciencia en la persona y esta con la sociedad.

En un conflicto, la parte que es representada por el Estado, denominada la víctima, es representada de tal modo que, en la mayoría de los procedimientos, es llevada fuera del escenario, y reducida a ser quien desencadenó el asunto.[35]

Todo ello permite afirmar que se trata de un conjunto de instituciones con constantes problemas de coordinación, por lo que es un sistema difícil de manejar y controlar.

En la justicia retributiva la víctima es perdedora por partida doble, primero frente al delincuente y después frente al Estado. De esta manera el concepto de justicia al que aspiramos en una sociedad organizada se pierde, y el Estado, en representación de la víctima y de la sociedad, no cumple en lo más mínimo con esta función que tiene destinada, por lo tanto, tampoco se logra la función del derecho como un medio de control social.

En México gran parte de la problemática en la que nos encontramos inmersos es el resultado de políticas públicas que no han respondido a la realidad social en la que vivimos, y esto se ve reflejado en primer lugar en el comportamiento de las personas, algunas tolerantes y reflexivas, otras agresivas y violentas que originan situaciones conflictivas en una sociedad disfuncional donde cada uno responde a sus intereses particulares y no de grupo.

Problemática en el ámbito internacional

En el ámbito internacional encontramos que gran parte de los países latinoamericanos son de los más violentos y esto se evidencia en el comportamiento de quienes habitan en estos territorios. Es muy común que cuando visitamos alguno de estos países, la primera recomendación de quien nos invita es que nos cuidemos y no vayamos a caminar por

---

[35] Christie, Nils, "Los conflictos como pertenencia", en Christie *et al.* (editores), *De los delitos y de las víctimas*, Argentina, Ad-Hoc, 1992, pp. 162, 163.

lugares donde no se encuentre vigilancia, o bien, que no lo hagamos de noche o de preferencia que salgamos acompañados.

El Instituto para la Economía y la Paz (IEP) analiza en el Índice de Paz de México (IPM) ocho pilares de la paz positiva; es decir, los factores que sostienen a las sociedades pacíficas: buen funcionamiento del gobierno, distribución equitativa de los recursos, libre flujo de información, entorno empresarial sólido, alto nivel de capital humano, aceptación de los derechos de los demás, bajos niveles de corrupción y buenas relaciones con los vecinos.

En México, tres de estos pilares muestran gran fragilidad: buen funcionamiento del gobierno, libre flujo de información y bajos niveles de corrupción. Como reflejo de lo anterior, el porcentaje de mexicanos que dijeron tener altos niveles de confianza en instituciones de seguridad pública fue de 18% en 2017, el nivel más bajo desde 2012. Asimismo, 64% de los mexicanos percibieron a las instituciones de seguridad pública como corruptas y 70% tuvieron una percepción similar sobre los jueces.[36]

Carlos Juárez, director del Instituto para la Economía y la Paz en México, escribió: "Hemos encontrado que la preocupación de la sociedad mexicana sobre la impunidad y su confianza en los jueces se relaciona directamente con las alzas y bajas de la violencia".[37] Recuperar y fortalecer la confianza pública será de suma importancia para poder implementar políticas públicas que sean creíbles para su aplicación práctica buscando recomponer el tejido social, aquí es exactamente donde se tiene que trabajar con la justicia restaurativa.

La confianza en el ámbito político descansa en la reciprocidad, cuya condición depende de la percepción del compromiso de las personas que están dispuestas a contribuir para su desarrollo, confiando en que cada uno participará en las acciones que le corresponden como un incentivo para que todos realicen de la misma manera las actividades con

---

[36] http://visionofhumanity.org/app/uploads/2018/04/MPI-2018-Press-Release_Mexico.pdf (consultada el 19 de julio de 2018).

[37] http://visionofhumanity.org/app/uploads/2018/04/MPI-2018-Press-Release_Mexico.pdf (consultada el 19 de julio de 2018).

base en el respeto y la solidaridad, lo que implica que los beneficios y cargas se distribuyan de manera equitativa.[38]

La *reciprocidad* se puede definir como la motivación para que un acto realizado por una persona sea repetido con el afán de que todos participemos en acciones que son necesarias y por tanto reconocidas por cada integrante del grupo social y que estemos dispuestos a contribuir compartiendo la misma necesidad y disposición para su realización, todos nos sentimos comprometidos a corresponder a las acciones de todos los ciudadanos.

El derecho como un medio de control social debe generar certeza y certidumbre para quienes deban acudir ante la autoridad a denunciar cualquier situación en la que se vea afectado su patrimonio o su integridad física. Si no acuden es porque existe cierta desconfianza que ha sido generada por el mal desempeño de los operadores jurídicos o bien porque el ordenamiento jurídico a aplicar no responde a sus necesidades.

Para Rawls,[39] en la justicia como imparcialidad la sociedad se interpreta como una empresa cooperativa para beneficio mutuo, y esto genera un esquema de actividades que conducen a los hombres a actuar de manera conjunta de modo que obtengan un mayor beneficio otorgando ciertos derechos reconocidos. Lo que haga una persona depende de las reglas públicas para satisfacer sus pretensiones, lo que le permite visualizar cuáles son sus expectativas y hacia donde las debe enfocar.

Cuál es la problemática por la que en México las personas no se presenten a denunciar ante la autoridad cuando se vean afectados en su integridad física o en su patrimonio, estos cinco supuestos que se manejan nos dan una visión real de la problemática por la que atravesamos y esta se refiere bien al sistema jurídico o en su caso a la persona, y esto se relaciona con una percepción generalizada de que no vale la pena acudir a denunciar si no se lleva a cabo un procedimiento confiable o efectivo.

El problema de un sistema jurídico que no logra ser un medio de control social se manifiesta en una incompatibilidad que produce su invalidez desde antes de poner en marcha a los órganos encargados de

[38] Turégano, Isabel, "Crisis del Estado de bienestar y pérdida de confianza política", en Betegón, Jerónimo y De Páramo, Juan Ramón (coordinadores), *Derecho, confianza y democracia*, España, Bomarzo, 2013, pp. 66, 67.

[39] Rawls, John, *Teoría de la justicia*, México, Fondo de Cultura Económica, 2003, pp. 88, 89.

hacerlo valer y esto es el reflejo de lo que se vive en una sociedad como la nuestra, donde cada día los conflictos son más complejos y la toma de decisiones se vuelve más difícil, lo que implica que desde el ámbito subjetivo la persona al no satisfacer sus necesidades manifieste una actitud generalizada de pérdida de confianza.

Esto tiene un impacto directo en los derechos humanos de las personas, pues donde no existe reciprocidad entre el componente social, encontramos una falta de reconocimiento y falta de respeto, lo que impide el desarrollo armónico en las actividades propias de la sociedad, pues el beneficiario de estos derechos estima que no existe la capacidad del Estado para hacerlos valer y por lo tanto los individuos deben contribuir desde su interés personal a los intereses colectivos.

Esto se ve reflejado en ciertos documentos que se encargan de medir el funcionamiento de nuestra sociedad, la Comisión Interamericana de Derechos Humanos ha realizado varios estudios del estado actual que guardan los derechos humanos, que se pueden resumir en las siguientes diapositivas:

Gráfica 3. *Peticiones recibidas por país (2018). Total: 2 957*

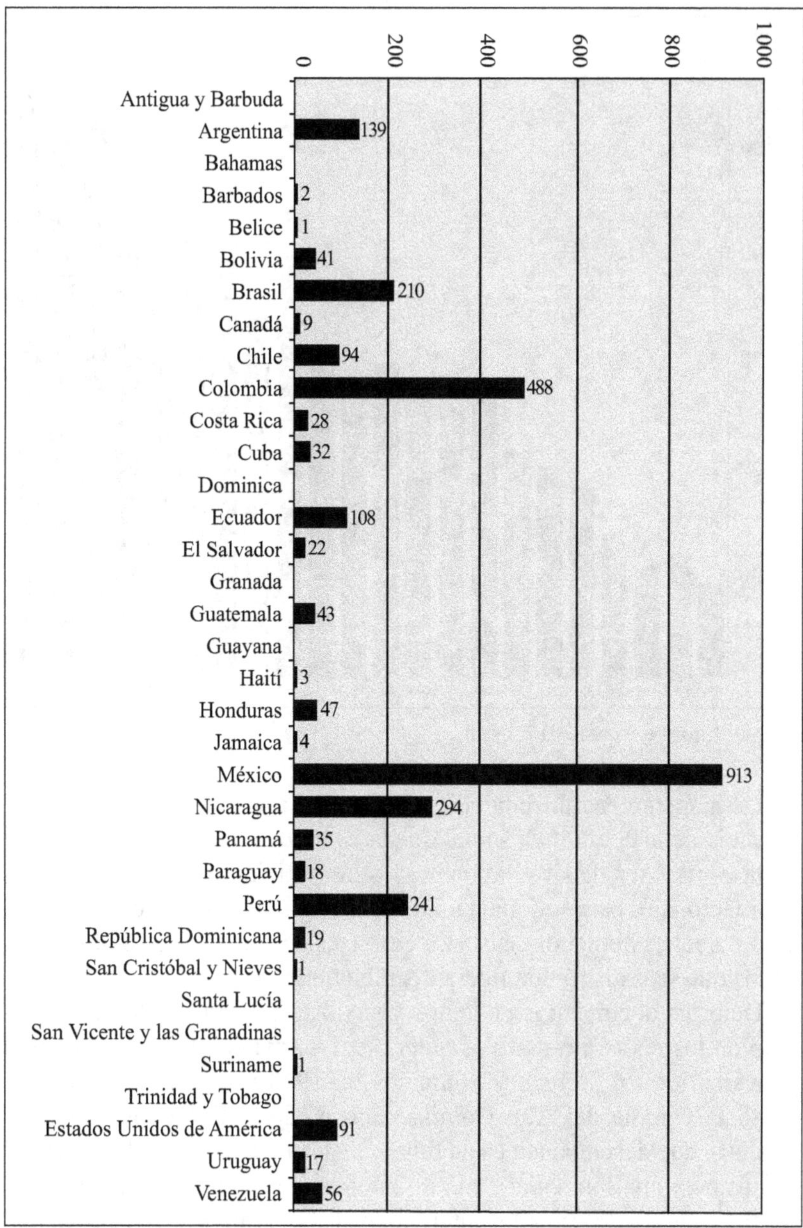

Fuente: Informe Anual 2017, CIDH.

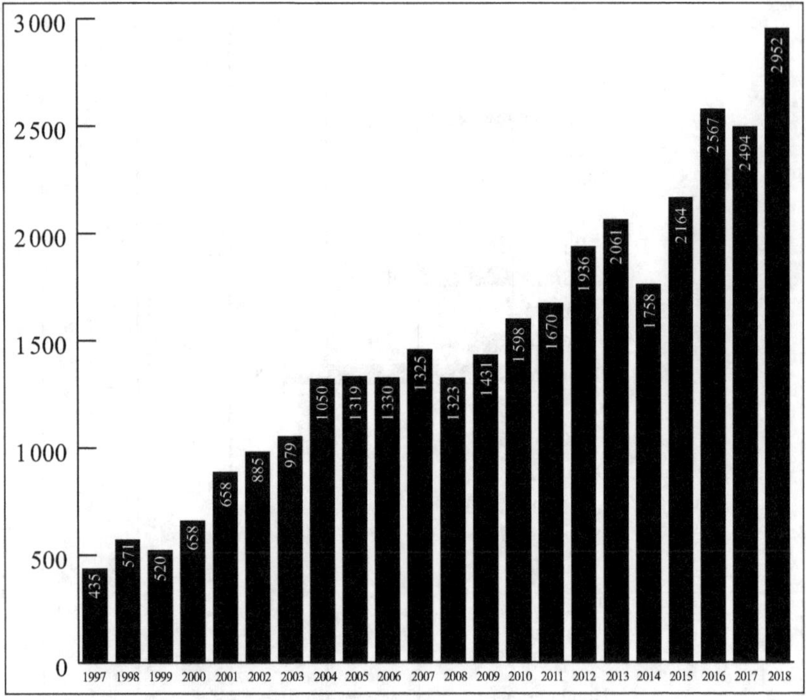

Fuente: Informe Anual 2017, CIDH.

De manera generalizada las gráficas 1 y 2 nos muestra cómo la prevalencia de la conflictiva social queda en evidencia con el crecimiento de la espiral señalada: el aumento de las peticiones a los organismos internacionales para solicitar su intervención al ver infringido el respeto a los derechos humanos, salvo los casos de los años 2008, 2014 y 2018, en los que se registró una ligera disminución.

De estos documentos podemos visualizar que gran parte del contenido de los textos normativos anteriores –partiendo de la Declaración Universal de los Derechos Humanos de 1948 y órganos específicos, como la Oficina del Alto Comisionado para los Derechos Humanos (OACDH), que desempeñan estas funciones– ha quedado en el campo del idealismo y que son reglas de escasa aplicación, además de que los países firmantes de los tratados internacionales en América Latina lo único

112

que hacen es tratar de cubrir un requisito de su política internacional sin que esto conlleve su aplicación.

Respuesta a la problemática

En Latinoamérica se ha buscado partir de los altos índices de violencia para dar una respuesta jurídica con la finalidad de tener un sustento preventivo que coadyuve a generar dentro de la sociedad, la seguridad de que la aplicación de la ley nos permite establecer una regla formal de la conducta humana, cumpliendo ciertas formalidades; sobre todo, estableciendo límites materiales en el momento de su aplicación.

De esta manera han surgido una serie de reformas con el fin de generar un derecho más humano, que sea más accesible a quienes tienen la necesidad de resolver algunas acciones que han desencadenado diferencias en el interactuar de la sociedad, buscando alternativas de solución al conflicto para lograr una elección lo más adecuada posible y que responda a sus intereses, con la intención de encontrar siempre el mejor arreglo.

Colombia

En este país sudamericano encontramos que incluso se publicó una nueva constitución en 1991 que contiene 380 artículos. Catalogada por algunos como la constitución de los derechos humanos, busca la aplicación de la justicia alternativa con base en los siguientes ordenamientos jurídicos.

- Constitución Política Colombiana 1991. Artículo 116.
- Ley 23 de 1991.
- Ley 270 de 1996, ley modificada por la ley 1285 de 2009.
- Ley 446 de 1998.
- Decreto 1818 de 1998.
- Ley 640 de 2001.
- Ley 1563 de 2012.
- Decreto 1829 de 2013.

Artículo 116. La Corte Constitucional, la Corte Suprema de Justicia, el Consejo de Estado, el Consejo Superior de la Judicatura, la Fiscalía General de la Nación, los Tribunales y los Jueces, administran Justicia. También lo hace la Justicia Penal Militar. El Congreso ejercerá determinadas funciones judiciales. Excepcionalmente la ley podrá atribuir función jurisdiccional en materias precisas a determinadas autoridades administrativas. Sin embargo, no les será permitido adelantar la instrucción de sumarios ni juzgar delitos. Los particulares pueden ser investidos transitoriamente de la función de administrar justicia en la condición de jurados en las causas criminales, conciliadores o en la de árbitros habilitados por las partes para proferir fallos en derecho o en equidad, en los términos que determine la ley.

En este país hay muchos avances desde el punto de vista jurídico, aunque aún no se tengan los resultados esperados. Han realizado reformas para que las universidades establezcan de manera obligatoria los centros de conciliación y que además los alumnos tengan que realizar un periodo de prácticas internas para vincularlos de manera real con esta nueva forma de aplicar justicia, en la cual el ser humano es el eje rector del procedimiento.

Algo que también llama la atención es que las personas interesadas en prepararse para ofrecer el servicio de conciliador en equidad no necesariamente deben ser profesionistas; por lo tanto, cualquiera puede recibir preparación si desea realizar esta actividad en beneficio de la sociedad en que interactúa, donde el fin principal es abordar los conflictos de manera tal que se construya una sociedad más responsable.

Argentina

El primer antecedente sobre el que se cimentó el desarrollo de los métodos de Resolución Alternativa de Disputas (RAD) en este país fue el decreto 1480 del 19 de agosto de 1992, en el cual la mediación se declaró de "interés nacional" y se implementó el Programa Nacional de Mediación. A partir de dicha normativa, se creó el primer Centro de Mediación dependiente del entonces Ministerio de Justicia y se implementó la "Experiencia Piloto de Mediación", mediante la cual diez Juzgados Civiles patrimoniales y de familia –luego fueron veinte– comenzaron a derivar causas a este centro. Allí hicieron sus prácticas y la observación de casos reales los primeros mediadores del país. A su vez, se creó una Comisión de Mediación por Resolución Ministerial N° 297/91, integrada por prestigiosos miembros, jueces, abogados y académicos, a la que se le encomendó la creación de un Proyecto de Ley Nacional de Mediación.

En consideración a que la justicia ofrecía un cuadro de emergencia que ponía en peligro el sistema, el Poder Ejecutivo elevó el 8 de noviembre de 1994 un proyecto de ley de mediación prejudicial obligatoria, en cuyo mensaje al Honorable Congreso de la Nación se sostuvo que:

> La situación de notoria crisis en que se encuentra la justicia, justifica la introducción de soluciones que procuran responder a esta emergencia. A través de aquellas medidas se intenta reducir el alto nivel de litigiosidad que nuestros tribunales padecen actualmente, al mismo tiempo, se intenta provocar una mayor celeridad en la solución de las cuestiones que deban ser resueltas judicialmente, ya que parte de la gran masa de juicios que abarrotan los juzgados, será desviada por medio de estos métodos alternativos […]

El gran problema de Argentina es el que se vive en toda Latinoamérica salvo algunas excepciones; así, por ejemplo, el Índice de Paz Global 2017 (GPI, por sus siglas en inglés) proporciona una actualización completa sobre el estado de paz. Muestra que, en medio del deterioro global, el mundo sigue gastando enormes recursos en crear y contener la violencia, pero muy poco en la paz. La clave para revertir la disminución de la violencia es a través de la construcción de paz positiva –un marco holístico de las actitudes clave, las instituciones y las estructuras que construyen la paz en el largo plazo–. El Objetivo de Desarrollo Sostenible 16 de las Naciones Unidas, que se centra en la paz, la justicia y las instituciones fuertes, es fundamental para centrar la comunidad internacional en el objetivo de lograr un mundo más pacífico.

México

Al igual que en los países antes mencionados, se llevaron a cabo varias reformas en busca de resolver la problemática en materia de violencia así como las afectaciones surgidas en los aspectos político, económico y social. Al respecto, se encuentra la reforma constitucional en materia penal de 2008, en la que se establece la oralidad en los juicios del orden penal y la justicia alternativa, y la de 2011, donde se plasmó la reforma en materia de derechos humanos y donde de manera directa se habla de la aplicación del principio propersona.

La importancia de la educación

La parte más humana de la justicia se halla en la justicia restaurativa. Sin embargo surge la pregunta de cómo hacer valer estos elementos para no caer en el idealismo, sino forjar una nueva visión de la realidad social que debemos enfrentar para fomentarla, con el propósito de alcanzar la recomposición social; para lo cual es indispensable que el individuo se haga responsable cada cual del resultado de sus acciones y de sus posibles soluciones, siempre desde el punto de vista de su autonomía.

El derecho está atento a las necesidades sociales; para Luhmann, la adecuación del derecho no debe tomarse como una traición, debe legitimarse en el marco de los valores reconocidos, y dentro de los derechos humanos es importante recurrir a los valores en lugar de las normas; esto tiene un sentido funcional aunque, desde el punto de vista científico, no pueda justificarse ni explicarse de manera suficiente.

En el análisis del comportamiento de la sociedad encontramos que en la observación de estos fenómenos están las respuestas que buscamos en sus diferentes organizaciones, pues es un hecho que las sociedades están ligadas a manifestaciones de poder, y este es un poder de cohesión que, mediante su aplicación, mantiene a las partes unidas con el todo y que, de la mano de sus intereses comunes, constituyen el vínculo social, entendiendo a la realidad social, en su carácter interrelacional con los factores que en ella se encuentran: sujetos, instituciones, hechos y diferentes tipos de situaciones y relaciones.

La estructura de la sociedad nos proporciona una fuente útil de explicaciones sobre el conflicto al crear intereses específicos alrededor

116

de los cuales giren esos grupos sociales y encauzar su conducta en una dirección determinada que nos lleve a unir a individuos divididos y encontrar intereses comunes compatibles que no generen discordia. Si tenemos objetivos comunes tendremos intereses comunes.

En la actualidad uno de los principales problemas que encontramos es la idea arraigada, no sólo en el sistema penal, sino en el social y cultural, de que poco importan o deben importar los delincuentes como personas. Esta idea se resiste a la influencia de la cultura de derechos humanos de aplicación general, pues la autoridad penal ha favorecido el establecimiento del imperio del autoritarismo, en un medio que por su delicada naturaleza debe estar sujeto a la legalidad y al respeto de la condición humana. Por lo tanto, sólo en la medida en que el Estado fomente y respete la legalidad y el respeto por la dignidad de la persona, estará en condiciones de influir positivamente tanto en el delincuente como en la sociedad.

La educación es de suma importancia y es la principal forma de abatir los problemas que como sociedad enfrentamos, no basta con castigar al culpable para satisfacer la idea de cumplimiento si quien recibió la acción, en este caso la víctima, queda en una situación de mayor vulnerabilidad. Es necesario generar políticas públicas con las que se busque resolver de fondo este tipo de problemas, con base en un proceso educativo cuyo eje rector sea el ser humano y se identifique con el rol que desempeña en el grupo social.

Joseph Raz, nos dice:

> El respeto por el derecho es un aspecto de la identificación con la sociedad, pues una persona que se identifica a sí mismo con su sociedad, sintiendo que es suya y que le pertenece a ella, es leal a su sociedad. Su lealtad puede manifestarse, entre otras formas, en respeto por el derecho de la comunidad. La actitud de respeto es una manifestación de lealtad, pues origina una obligación de obedecer, un reconocimiento de la autoridad.[40]

Las universidades jugamos un papel preponderante en la difusión del conocimiento; en materia de justicia restaurativa, es importante generar planes y programas de estudio que, de nueva cuenta, se vinculen con la

---

[40] Raz, Joseph, citado por Nino, Carlos Santiago, *Una teoría de la justicia para la democracia*, Argentina, Siglo XXI Editores, 2013, p. 25.

actividad práctica de los valores y, como lo establece Luhmann,[41] cuyo eje rector sea el ser humano, en busca del comportamiento más adecuado, de acuerdo con la satisfacción de sus necesidades y en vinculación o con base en las decisiones tomadas sobre los conflictos presentados.

Si bien es cierto que la justicia es un valor ideal, la validez de un valor formal y la eficacia es su cumplimiento práctico. Es de particular importancia resaltar que para que se pueda cumplir con estos tres elementos tendríamos que pensar en cómo formar una sociedad responsable, donde cada persona pueda exigir sus derechos y cumplir con sus obligaciones.

---

[41] Luhmann, Niklas, *Los derechos fundamentales como institución*, México, Universidad Iberoamericana, 2010, pp. 298, 299.

CapÍtulo **IV**
La protección de los Derechos Humanos y fundamentales en la transición constitucional

Legitimación de los derechos humanos

Gran parte de la legitimación del Estado moderno radica en la forma en que se resuelven los conflictos tanto individuales como sociales, pero para ello debemos trabajar de la mano de ciertos elementos que nos van a dar la posibilidad de enfrentarlos como son: la libertad y la igualdad, para generar confianza y lograr legitimidad, respetando siempre los derechos humanos.

La forma ideal del proceso cultural en esta materia que se ha llevado por el mundo y el discurso utilizado se han tenido que ir adaptando a ciertas circunstancias, sobre todo, cuando la sociedad se encuentra más pendiente del respeto y aplicación de los derechos humanos, si bien es cierto que, en cuanto a su denominación, han desempeñado un papel importante las constantes recomendaciones y observaciones de los organismos internacionales.

Esta doctrina contiene elementos de la doctrina liberal del contrato social, cuya propuesta se basa en que la legitimidad del poder político emane de un contrato social, que de manera libre sea adoptado por los ciudadanos sujetos a él y por los ciudadanos a quienes se va a confiar el poder. Por lo tanto, primero es el individuo y luego la sociedad, y el poder político queda en manos del pueblo entendiéndolo como el conjunto de ciudadanos cuya función principal es el mandato, actuando a nombre y en representación de él.[1]

---

[1] Guevara Niebla, Gilberto, "Teorías sobre la organización política", en *Democracia y educación cívica*, México, Instituto Electoral del Distrito Federal, Colección Sinergia, 2007, p. 20.

La existencia social de la humanidad la vamos a encontrar en cierta medida en los derechos humanos, porque es ahí donde podemos ver que no son más que las necesidades por un lado y por el otro las exigencias que brotan de la propia condición natural de la persona humana y que por esa misma razón reclaman el reconocimiento, el respeto e incluso la tutela de esa ficción jurídica a la que llamamos Estado.

Si bien es cierto, como lo establece Ricardo Dip,[2] que existe una ambigüedad en la teoría fundacional de los derechos humanos y que esto nos conduce a un acercamiento de diagnóstico que en algunos puntos se agrava por la variedad de sentidos para este término, es importante reflejarnos en su historia, su estudio, partiendo de que no existe una tradición única y que ello nos llevará a encontrar varios consensos, algunos contrarios o distintos entre sí.

Como podemos ver, hoy en día contamos con distintos puntos de vista que nos ayudan a entender mejor lo que en la actualidad son los derechos humanos, y que estos forman parte de la civilización como respuesta a las grandes violaciones y abusos sufridos por la humanidad, que aún en esta época se continúan perpetrando.

Pérez Luño hace una distinción entre la noción de derechos humanos y derechos fundamentales, los primeros son los que de manera más usual se emplean para denominar los derechos naturales positivados en las declaraciones y convenciones internacionales, que se relacionan con exigencias básicas como la dignidad, la libertad e igualdad de la persona, y que aún no han logrado formar parte del derecho positivo; los segundos se refieren a los derechos positivados a nivel interno.[3]

En este sentido, los derechos humanos son derechos inherentes a todos los seres humanos, sin distinción alguna de nacionalidad, lugar de residencia, sexo, origen nacional o étnico, color, religión, lengua, o cualquier otra condición, bajo el precepto de que como todos somos iguales tenemos los mismos derechos sin discriminación alguna, y se identifican doctrinalmente como derechos innatos con base en la Declaración de Derechos de Virginia al declarar el gozo de la vida, el 12 de junio de 1976.

---

[2] Dip, Ricardo, *Los derechos humanos y el derecho natural*, España, Marcial Pons, 2009, pp. 45, 46.

[3] Pérez Luño, Antonio Enrique, *Los derechos fundamentales*, España, Tecnos, 1995, p. 44.

Para el *Diccionario Jurídico Mexicano*, al hacer mención de los *Derechos humanos*, nos dice que son el conjunto de facultades, prerrogativas, libertades y pretensiones, de carácter civil, político, económico, social y cultural, incluidos los recursos y mecanismos de garantía de todas ellas, que se reconocen al ser humano, considerado individual y colectivamente.[4]

Estos derechos muy a menudo son contemplados en la ley y también garantizados, aunque desde el punto de vista funcional no se logren los fines propuestos, por las instituciones que en cada momento histórico concretan las exigencias de la libertad y la igualdad humana, que son solicitadas para ser reconocidas positivamente por los ordenamientos jurídicos del derecho interno y externo.

La libertad es un elemento que concibe al hombre naturalmente libre, por lo que al constituirse la sociedad se hace sobre la idea de que el poder político se basa en el consenso de las personas, esto genera un acuerdo entre quienes deciden libremente someterse al poder, y a su vez este poder parte del supuesto de que los individuos tienen derechos que no dependen del soberano, y por lo tanto la función principal es permitir el desarrollo máximo de estos derechos.[5]

El derecho internacional de los derechos humanos establece las obligaciones que tienen los gobiernos de tomar medidas en determinadas situaciones, o de abstenerse de actuar de determinada forma en otras, a fin de promover y proteger los derechos humanos y las libertades fundamentales de los individuos o grupos.

Desde el punto de vista del objeto y contenido de los derechos humanos, comprenden grandes tipos o grupos de derechos, y generalmente son reconocidos por los textos normativos de la mayoría de los países, así como por los instrumentos internacionales de carácter general; estos son los derechos civiles, derechos políticos, sociales y culturales.

Aunque, como lo comenta Aguilar Cavallo, el grave problema que enfrentamos en nuestro continente, más que un reconocimiento jurídico, es la falta de su cumplimiento, por lo cual es urgente lograr la aplicación efectiva de los derechos para que todos los individuos tengan acceso

---

[4] Rodríguez y Rodríguez, Jesús, "Derechos humanos", en *Diccionario Jurídico Mexicano*, México, Porrúa/UNAM, 2007, p. 1268.

[5] Bobbio, Norberto, *Liberalismo y democracia*, 14ª reimpresión, México, Fondo de Cultura Económica, 2012, p. 15.

a ellos, mediante la búsqueda del avance necesario para su desarrollo, cumplimiento y satisfacción individual y por ende de la colectividad.[6]

Los Estados en el ámbito interno asumen las obligaciones y los deberes, en virtud del derecho internacional, de respetar, proteger y aplicar los derechos humanos; esta obligación les exige abstenerse de interferir en el disfrute de los derechos de las personas o de limitarlos. Por lo tanto, los Estados deben impedir los abusos contra los derechos humanos de individuos y grupos, adoptando medidas positivas para facilitar el disfrute de los derechos humanos básicos.

Una forma específica de entender los derechos humanos la encontramos en aquellas exigencias éticas de importancia fundamental con las que cuenta el ser humano, sin excepción, exigencias sustentadas en valores o principios que se han traducido a través del tiempo, en normas de derecho nacional e internacional, y que fijan un parámetro referencial de justicia y legitimidad.

Para Javier Hervada,[7] la regla del obrar humano es la voluntad guiada por la razón que conduce al correcto obrar, de ella se deduce y se distingue una actuación correcta de una incorrecta, ya que la línea divisoria entre una y otra forma de actuar la marca la racionalidad o adecuación de la conducta a la realidad personal del ser humano. Por lo tanto, la norma jurídica como regla tiene en la racionalidad su formalidad al ser producto de la razón, aunque implique un acto de voluntad.

Los derechos humanos tienen una realidad que trasciende la esfera jurídica individual y que, al llegar al derecho positivo, se utiliza como un instrumento de protección, razón por la cual cuando los derechos humanos son reconocidos se busca que se cumplan, que se garanticen conjugando los elementos sociológicos que le dan presencia en su aplicación diaria en el interactuar de la sociedad, al hacerlos plenamente vigentes.

La función de la norma jurídica se refleja en su aceptación desde el momento en que son evidentes los beneficios que resultan de su aplicación, sobre todo si esta es eficiente y colectivamente ventajosa para el grupo social en el que se pretende implementar, en la medida en que

---

[6] Aguilar Cavallo, Gonzalo, *Construcción y papel de los derechos sociales fundamentales*, en Von Bogdandy, Armin (coordinador) *et al.*, México, UNAM, 2011, p. 204.

[7] Hervada, Javier, *Temas de Filosofía del Derecho*, España, Ediciones Universidad de Navarra, 2012, p. 140.

la voluntad de los hombres y sus intereses impelen a que la autoridad considere los mayores beneficios.[8]

El derecho es un fenómeno normativo, que funciona a través de una estructura normativa y no sólo alude a un conjunto de normas, de dictados de conducta deontológico (del deber ser), sino que además aspira a ser un conjunto que genere armonía, que pueda construir un sistema, cuyas partes estén vinculadas con el todo en un sentido ontológico y funcional.

De esta manera, los derechos humanos, desde el punto de vista subjetivo, son valores objetivos que dan origen al Estado de derecho, el cual constituye el presupuesto de un buen funcionamiento del poder público, que es regulado por una norma general que evita su abuso o exceso al nulificar u obstaculizar los mecanismos que deriven en un ejercicio arbitrario e ilegítimo del poder.

Jerónimo Betegón y Juan Ramón de Páramo,[9] al hacer una primera reflexión, se preguntan si hay derechos humanos o, más bien, las personas tienen derechos humanos. Al empezar su análisis, parten de la afirmación de que los seres humanos tienen derechos y establecen que así es porque tales derechos existen incluso si no están institucionalizados, su existencia es normativa.

Pero, para que existan estos derechos, debe haber criterios o principios morales válidos que justifiquen que todos los seres humanos como tales tengan esos derechos, así como sus deberes correlativos. Estos derechos, al pertenecer a toda persona, son derechos morales universales, y pueden existir otros derechos morales, pero sólo son derechos humanos aquellos que moralmente deben ser distribuidos entre todos.

Justificación de los derechos humanos

La existencia de los derechos humanos se justifica con base en los siguientes elementos:

1. Una respuesta intuicionista, según la cual la posición humana de ciertos derechos inalienables es autoevidente.

---

[8] Gatty, Jean, *Principios de una nueva teoría del Estado*, Buenos Aires, Eudeba, 2005, pp. 86, 87.

[9] Betegón, Jerónimo y De Páramo, Juan Ramón, *Derecho y moral*, España, Ariel, 1990, pp. 125, 126.

2. La respuesta institucionalista, según la cual los derechos surgen en transacciones basadas en reglas de instituciones formales.
3. Las personas tienen derechos porque tienen intereses.
4. Las personas tienen derechos morales porque tienen valor intrínseco o dignidad o porque son fines en sí mismos.
5. Si las personas tienen iguales derechos morales.[10]

Es así como los derechos humanos, a pesar de sus diferentes entornos y que dan nacimiento a distintos conflictos, tienen en común que se circunscriben a las acciones humanas, al ser humano en su contexto, y son los que prescriben o prohíben determinados comportamientos, según se consideren correctos o incorrectos. Es en este ámbito donde se establece el contenido de la moralidad y donde la acción humana de manera lógica y racional determina que ciertas condiciones son necesarias.

El proceso que da origen a la modernidad liberal concibe a los hombres libres e iguales ante la ley, a una sociedad homogénea integrada por un consenso para obedecer las reglas conductuales susceptibles de alcanzar soluciones para la felicidad de los hombres. En ese sentido el Estado está obligado a garantizar los derechos de las personas como resultado de esa visión del hombre libre, con capacidad de ejercer sus derechos y cumplir con sus obligaciones.[11]

Este derecho a la libertad entonces va a consistir en que cada uno de los integrantes de la sociedad actúe o se comporte de acuerdo con su propio consentimiento que nace de su autonomía de la voluntad, con el conocimiento de las circunstancias relevantes y mediante su propia elección y sin la injerencia de terceros, de modo que su conducta sea la adecuada y que no sea contraria a la de otras personas.

Para Hegel,[12] la libertad subjetiva es el momento en que la particularidad del actuante se encuentra contenida y a la vez realizada por la acción, y esta determinación hace que el derecho del sujeto se encamine para encontrar su satisfacción en la existencia y fuerza de la autoconciencia de

<hr>

[10] Betegón, Jerónimo y De Páramo, Juan Ramón, *Derecho y moral*, España, Ariel, 1990, p. 128.

[11] Sánchez Sandoval, Augusto, *Sistemas ideológicos y control social*, 2ª reimpresión, México, Instituto de Investigaciones Jurídicas/UNAM, 2008, p. 137.

[12] Hegel, G.W.F., *Fundamentos de la filosofía del derecho*, España Libertarias/Prodhufi, 1993, pp. 427-429.

124

manera que la determinación parte del sujeto, consciente en su propósito en su actividad formal interesándose en promover lo suyo en cuanto a sus necesidades, cuya satisfacción final será el bien y la felicidad.

Las acciones de las personas en el ejercicio de sus libertades deben ser moralmente buenas, pues una acción contraria a este fin es mala y es racionalmente injustificable, puesto que su conducta al ejercer este derecho no fue la adecuada y afectó a una persona en su bienestar.

Betegón y de Páramo,[13] al hacer un análisis de los derechos humanos que deben ser positivados, establecen criterios para resolver conflictos de derechos o deberes de lo que llaman principios de consistencia genérica, y estos derivan del respeto mutuo que debe existir para la libertad y el bienestar entre los agentes futuros, para prevenir o rectificar incumplimientos o para ajustarse a las reglas sociales indicadas en las aplicaciones instrumentales o procedimentales.

Clases de derecho que requieren protección jurídica

A continuación, se establecen tres clases de derechos que requieren de protección jurídica y estos son:

1. Los derechos de seguridad personal protegidos por el derecho penal.
2. Los derechos sociales y económicos protegidos por el Estado asistencial.
3. Los derechos y libertades civiles y políticos protegidos por la constitución con su método de consentimiento.

1. Los derechos de seguridad personal protegidos por el derecho penal reflejan una justificación de las reglas sociales y establecen exigencias para la persona y el Estado. El derecho penal sirve para proteger derechos básicos, incluido el derecho a la vida, a la integridad física y al honor, y las penas que se apliquen no deben ser crueles, vengativas o inhumanas.

---

[13] Betegón, Jerónimo y De Páramo, Juan Ramón, *op. cit.*, pp. 141-143.

2. Los derechos sociales y económicos protegidos por el Estado asistencial parten del hecho de que las personas mantienen posiciones desiguales, por lo que de manera efectiva se deben obtener y proteger sus derechos. En este sentido, se establecen reglas sociales para evitar la desigualdad, mediante las cuales se provee el suministro de bienes básicos, como alimento y vivienda, a quienes no puedan obtenerlos por su propio esfuerzo. También se rectifican desigualdades de bienestar mejorando las capacidades para el trabajo productivo, entre otras acciones. La educación es un medio fundamental para generar igualdad de oportunidades, y sus resultados se ven reflejados en la vida familiar y permite a los padres dar una formación constructiva inteligente y emocionalmente buena.

3. Los derechos y libertades civiles y políticos son protegidos por la Constitución con su método de consentimiento. Aquí encontramos una imposición jurídica de los derechos humanos con una justificación necesario-procedimental de las reglas sociales donde la estructura constitucional del Estado debe disponer que las leyes y los funcionarios públicos deben ser designados mediante el método del consentimiento; por lo tanto, el proceso político debe disponer de las libertades civiles.

Derechos humanos que son reconocidos en México

En nuestro país, la Comisión Nacional de los Derechos Humanos en México y nuestra Constitución reconocen derechos o prerrogativas.[14]

Cuadro 2. *Derechos y prerrogativas reconocidas por la Comisión Nacional de Derechos Humanos en México*

Igualdad	Derecho a la información
Igualdad ante la ley	Irretroactividad de las leyes
Igualdad de todas las personas	Garantía de audiencia

---

[14] Comisión Nacional de los Derechos Humanos en México, *¿Cuáles son los derechos humanos?* (http://www.cndh.org.mx/Cuales_Son_Derechos_Humanos consultada el 3 de mayo de 2016).

Libertad personal	Garantía de legalidad
Libertad de trabajo, profesión, industria o comercio	Seguridad jurídica en materia penal internacional
Libertad de expresión	Inviolabilidad de las comunicaciones privadas
Libertad de imprenta	Inviolabilidad del domicilio
Libertad de asociación y reunión	Seguridad jurídica en materia de órdenes de aprehensión o detención
Libertad de tránsito y residencia	Seguridad jurídica para los procesados en materia penal
Libertad religiosa	Derecho a la jurisdicción
Derechos a poseer armas	Seguridad jurídica en las detenciones ante autoridad judicial
Garantías del procesado en materia penal	Derecho a la protección de la salud
Derechos de la víctima o del ofendido	Derecho a un medio ambiente adecuado
Seguridad jurídica respecto a la imposición de penas y multas	Derecho a la vivienda
Seguridad jurídica en los juicios penales	Derechos sociales a favor de los trabajadores
Protección de la integridad física y moral de las personas a las que se imponga una pena	Derechos de los niños
Derecho a la nacionalidad	Derecho a la propiedad
Derecho de petición	Derecho a la propiedad comunal y ejidal de tierras
Protección jurídica al derecho a la vida	Derecho a la ciudadanía
Derechos de los pueblos indígenas	Derechos de ciudadano
Derecho a la educación	Derecho a la paternidad

Fuente: elaboración propia.

Es así como, desde el punto de vista de la positivación de los derechos humanos, estos se han ido promoviendo y añadiendo en las leyes constitucionales con base en las recomendaciones de los organismos internacionales, aunque desde el punto de vista de su aplicación práctica la realidad es muy ajena para los que vivimos en algún país de Latinoamérica, como México.

Nacimiento y evolución de los derechos humanos

La dinámica caracterizada por la necesidad misma de encontrar más y mejores satisfactores de la vida humana nos ha llevado a buscar alternativas de solución a la problemática en la que nos encontramos inmersos, para posibilitar su comprensión y conocer su dramática complejidad, tratando de construir una serie de expectativas que nos den solidez y estabilidad respecto al comportamiento de la sociedad y de uno mismo en su interactuación y del Estado en su representación.

El proceso cultural de los derechos humanos en México y el mundo ha tenido como resultado que la sociedad exija respeto a sus libertades tanto individuales como colectivas. El derecho internacional ha jugado un factor fundamental en su reconocimiento, aplicación práctica y en la búsqueda de caminos de acceso a un sistema que genere una mejor calidad de vida donde su funcionalidad sea una parte importante para generar certeza y certidumbre.

La evolución y desarrollo de los derechos humanos ha pasado por tres etapas distintas y cada una ha generado nuevos instrumentos en su aplicación. De acuerdo con el distinguido jurista Jorge Carpizo,[15] la primera etapa se inaugura con la era moderna, que da paso a la reivindicación de los derechos fundamentales del hombre y el ciudadano. Esta etapa parte de la burguesía emergente a un concepto global de derechos humanos de tipo liberal-individualista, que nace de las declaraciones norteamericana y francesa de finales del siglo XVIII y de la constitución de los Estados que en el siglo XIX forjaron su independencia.

Todos los derechos surgidos en esta etapa son derechos históricos, generados mediante la prueba y el error, que tienen como intención buscar la forma de remediar ciertos males, antes que obtener ciertos bienes, pues toda declaración de derechos tiene como inicio su violación, remedios

---

[15] Carpizo, Jorge, *Derechos humanos y ombudsman*, 2ª edición, México, Porrúa/UNAM, Instituto de Investigaciones Jurídicas/UNAM, 1998, p. 101.

experimentados en la historia de las sociedades y sus instituciones que a lo largo de la vida se van creando.

Esta primera generación está representada por los derechos de libertad o civiles, que son conquistados en Inglaterra los siglos XV y XVI, y surgen con la Revolución francesa, como rebelión contra el absolutismo del monarca, y en Inglaterra. Se refieren a la libertad de la persona, libertad de expresión, de pensamiento, de religión, a establecer contratos válidos, el derecho a la propiedad; del cual se desprenden dos tipos de libertades: derechos personales y derechos patrimoniales. Dentro de los primeros encontramos, entre otros, el derecho a no ser detenido arbitrariamente y dentro de los segundos, el derecho a la propiedad.[16]

Puede señalarse que los acontecimientos de la Revolución francesa que culminarían con la toma de la Bastilla fueron el resultado de la explosión violenta de una sociedad que afrontaba graves problemas, especialmente económicos, en el que convergieron diversos factores sociales, económicos y políticos. De estas aportaciones que generaron el movimiento revolucionario francés de 1789, nace la Declaración de los Derechos del Hombre y del Ciudadano, documento que consta de diecisiete numerales, aprobado por la Asamblea nacional de Francia el 26 de agosto de aquel año, y que refleja el cambio político necesario para la transformación de la sociedad francesa, de una sociedad oprimida y limitada a un modelo liberal, mucho más abierto y benéfico para los integrantes del cuerpo social.

La segunda etapa parte de la Segunda Guerra Mundial y la posguerra, y en esta se incluyen los derechos económicos, sociales y culturales, que después encontramos reflejados en diferentes textos jurídicos de varios países, como la Constitución federal de México, en 1917, y en la Constitución alemana de Weimar, en 1919.[17]

Estos derechos podremos ejercerlos dentro de nuestra actividad individual y social, y realizar nuestras acciones libremente, así como generar compromisos sin ser coaccionados. Por lo tanto, se establece una limitación importante a los poderes legítimos del Estado en las actividades que realicemos de manera habitual y ordinaria.

---

[16] Barberis, Mauro, *Ética para juristas*, España, Trotta, 2006, p. 40.

[17] Carpizo, Jorge, *Derechos humanos y ombudsman*, 2ª edición, México, Porrúa/UNAM/Instituto de Investigaciones Jurídicas, 1998, p. 101.

Estas libertades se llaman civiles por tres razones que son de suma importancia en su aplicación, y son tres relaciones diferentes de las libertades y de la actuación del Estado:

1. Son pasivas y negativas en el sentido de que el Estado no debe limitarlas o interferir en ellas.
2. Son pasivas y positivas, pues deben ser tuteladas y protegidas por el Estado como derechos de las personas.
3. Son activas, en virtud de que las acciones que constituyen su objeto se ejercen dentro de un proceso político, y de su aplicación depende quién o quiénes han de gobernar en esta ficción jurídica llamada Estado.[18]

Es así como encontramos una serie de disposiciones jurídicas que regulan la creación del sistema en el que las instituciones y las libertades de los particulares buscan encontrar un cierto equilibrio que permite reconocer que habrá quienes actúen como autoridades, y adoptarán durante el ejercicio de sus facultades ese carácter, pero cuando las personas no actúan formalmente en el ejercicio de potestades o funciones facultativas, de inmediato actúan en funciones de derecho privado.

De estos derechos políticos, destacamos el sufragio activo y pasivo, que fue conquistado a partir del siglo XIX, y al principio sólo era para quienes pagaran un determinado impuesto con base en un censo, después podían participar quienes sabían leer y escribir, se avanzó al dejar este derecho en los varones y tiempo después participaron también las mujeres.[19]

En la tercera etapa, para Carpizo, se genera la internacionalización de los derechos humanos de las dos etapas anteriores y se plasman en diferentes declaraciones universales y regionales, pasando de un ámbito local a un ámbito externo, internacional, que da nacimiento a una nueva regulación y nuevas competencias de los órganos estatales e internacionales.[20]

---

[18] Betegón, Jerónimo, De Páramo, Juan Ramón, *Derecho y moral*, España, Ariel, 1990, pp. 142.

[19] Barberis, Mauro, *Ética para juristas*, España, Trotta, 2006, p. 42.

[20] Carpizo, Jorge, *Derechos humanos y ombudsman*, 2ª edición, México, Porrúa/UNAM/Instituto de Investigaciones Jurídicas, 1998, p, 101.

Muchos de los países latinoamericanos en esta etapa empiezan a hacer reformas y adiciones a sus constituciones, donde plasman la ideología de estos documentos con la finalidad de encontrar una legislación acorde con las necesidades internacionales. Algunos llegan incluso a hacer reformas de manera muy profunda en sus legislaciones internas, generando un control mayor con base en estos convenios.

Para Marshall, la tercera etapa está representada por los derechos sociales conquistados en el siglo XX, que se distinguen por garantizar un mínimo de bienestar y seguridad económica. El núcleo de estos derechos está constituido por la pretensión a los servicios sociales que implican deberes correlativos por parte de la administración pública, encargada de financiarlos con los impuestos de los contribuyentes, al distribuir recursos para los más necesitados, como menores de edad, personas de la tercera edad y enfermos, ya que en ocasiones sobreviven gracias a la asistencia del Estado.[21]

Algunos doctrinarios ya hablan de una cuarta generación de derechos humanos, que para Barberis,[22] son meras pretensiones que surgen de los derechos sociales en los que también es difícil hablar de deberes correlativos de la administración pública, derechos atribuidos por principios constitucionales que están destinados a influir sobre la legislación.

Algunos ejemplos pueden ser el derecho a la solidaridad social, visto desde la universalización de los derechos sociales, como el derecho a vivir en un mundo sano y equilibrado con un medio ambiente que pueda ser aprovechado de mejor forma por la sociedad, el derecho a tener acceso a la comunicación y, por lo tanto, el no a los monopolios, los derechos culturales colectivos, etcétera.

Como podemos ver, existe un reconocimiento directo al ser humano de manera individual y colectivamente, y desde el punto de vista del objeto y contenido de los derechos humanos, estos comprenden grandes tipos o grupos de derechos, expresos y generalmente reconocidos por las constituciones de la gran mayoría de los países, y que nacen de los más importantes instrumentos internacionales de carácter general sobre esta materia, entre ellos se encuentran los derechos civiles, derechos políticos, sociales y culturales.

---

[21] Marshall, T.H., *Ciudadanía y clase social*, España, Alianza, 1998, pp. 22-24.
[22] Barberis, Mauro, *op. cit.*, p. 44.

De esta manera la organización colectiva, y con base en las libertades de sus derechos políticos, en el plano representativo encontramos que muchas de las decisiones se tienen que tomar por mayoría. Para Schmill, en asuntos humanos se ha encontrado una métrica bajo el supuesto de igualdad de los participantes en un proceso, de esta manera se cuenta el número de votos y con ello la fuerza del contrincante, con base en la mayoría en el plano real.[23]

Cultura de la paz

En la cultura de la paz, la mediación, como un medio alternativo de solución, siempre será de suma importancia, pues en cualquier caso resultará mejor un acuerdo entre las partes, que un litigio largo prolongado y costoso. Es mucho más satisfactorio que las partes se pongan de acuerdo a que se imponga una sentencia que satisfaga sólo a uno, que se entiende que es el que gana. Por eso la mediación es esencial en todas las sociedades evolucionadas y civilizadas, pues la gente tiende a participar en la resolución de sus propios conflictos, al no abandonarlos en manos de un tercero, como el juez.

El ser humano, desde que se levanta y empieza a interactuar, se enfrenta con situaciones que no son muy agradables. Cuando percibimos desde un punto de vista negativo los desacuerdos que tenemos con compañeros de trabajo, con familiares o cualquier ente que al igual que nosotros realiza sus actividades, lo primero que nos generamos es estrés y una adversa relación, eso al final provoca que surjan conflictos, por malos entendidos o por la diferente forma de ver estos hechos.

La Cultura de Paz vista desde la Organización de las Naciones Unidas

La Asamblea de las Naciones Unidas en su resolución A/RES/53/243 de 1999A del texto (documento A/53/L.79) titulado "Declaración sobre una Cultura de Paz", expresaría su profunda preocupación por la persistencia y la proliferación de la violencia y los conflictos en diversas partes del

[23] Schmill, Ulises, *Origen de la normatividad, democracia y revoluciones*, México, Fontamara, 2009, p. 90.

132

mundo, cuyo principal objetivo es que los gobiernos, las organizaciones internacionales y la sociedad civil puedan orientar sus actividades por sus disposiciones para promover y fortalecer una Cultura de Paz en el nuevo milenio.

De esta manera el Artículo 1° de la Declaración establece que una Cultura de Paz es un conjunto de valores, actitudes, tradiciones y modos de comportamiento y formas de vida sobre la base de:

1. El respeto a la vida, fin de la violencia y la promoción y la práctica de la no violencia a través de la educación, el diálogo y la cooperación.
2. El pleno respeto de los principios de soberanía, integridad territorial e independencia política de los Estados y la no intervención en los asuntos que son esencialmente de la jurisdicción interna de los Estados, de conformidad con la Carta de las Naciones Unidas y el derecho internacional.
3. El pleno respeto y promoción de todos los derechos humanos y las libertades fundamentales.
4. Compromisos de solución pacífica de conflictos.
5. Esfuerzos para satisfacer la necesidad de desarrollo y ambientales de las generaciones presentes y futuras.
6. El respeto y la promoción del derecho al desarrollo.
7. El respeto y la promoción de la igualdad de derechos y oportunidades de hombres y mujeres.
8. El respeto y promoción de los derechos de todos a la libertad de expresión, opinión e información.
9. La adhesión a los principios de libertad, justicia, democracia, tolerancia, solidaridad, cooperación, pluralismo, diversidad cultural, diálogo y entendimiento a todos los niveles de la sociedad entre las naciones y animados por un entorno nacional e internacional que favorezca a la paz.[24]

Como podemos ver, la postura de los organismos internacionales va ligada a encontrar una sociedad donde la Cultura de la Paz vaya

---

[24] Organización de la Naciones Unidas, resolución A/RES/53/243 de 1999, A del texto (documento A/53/L.79) (http://www.un.org/News/Press/docs/1999/19990913.ga9590.doc.html consultada el 31 de mayo de 2016).

generando un orden y se vea reflejada en las aspiraciones del ser humano a buscar un ambiente agradable para su subsistencia, donde asuma responsablemente sus derechos, pero también sus obligaciones en la formación de un futuro en el cual el ciudadano sea el creador de una vida sin violencia para las generaciones futuras.

Para Rawls,[25] la autonomía racional de los ciudadanos se modela mediante los aspectos estructurales. En una sociedad bien ordenada en su vida pública los individuos gozan de una plena autonomía y esta se ve reflejada cuando no sólo cumplen con los principios de justicia, sino que en su interactuar son justos porque son guiados por el sentido efectivo de la justicia en la protección de los derechos y libertades básicos.

En la resolución de las Naciones Unidas (A/RES/52/13), se define a la Cultura de la Paz (CP) como: juego de valores, actitudes, modos de comportamiento y modos de vivir que rechazan la violencia y previenen los conflictos abordando sus casusas de origen, solucionando problemas mediante el diálogo y la negociación entre individuos, grupos y naciones.[26]

El decreto mencionado da paso al Programa de Acción sobre una Cultura de la Paz compuesto por ocho esferas generales, que se refieren a la consolidación de las medidas que deben adoptar todos los agentes pertinentes en los planos nacional, regional e internacional. A continuación, se enlistan las medidas que corresponden a dichas esferas:

Medidas para promover una Cultura de Paz por medio de la educación

A partir de lo establecido en la resolución A/RES/53/243 y los ocho párrafos que la componen, podemos decir que es de suma importancia la cooperación internacional, a fin de proponer que los niños reciban instrucción sobre valores, actitudes y comportamientos de vida para un desarrollo armónico, y que con su participación se les inculque respeto a su dignidad y se les enseñe una nueva forma de resolver conflictos, con igualdad y equidad de género.

[25] Rawls, John, *Liberalismo político*, 4ª reimpresión, México, Fondo de Cultura Económica, 2003, p. 91.

[26] Organización de las Naciones Unidas (A/RES/52/13) (http://www.um.es/paz/resolucion2.html consultada el 31 de mayo de 2016).

Algunas de las acciones para impulsar la cultura de la paz a través de la educación son: *a*) adecuar los planes y programas de estudio con base en este plan tomando en cuenta los derechos humanos y la democracia; *b*) reforzar las actividades en materia de educación, ciencia y cultura desarrollando valores y aptitudes que nos conduzcan a la CP, y *c*) capacitar a los niños para buscar el diálogo y el consenso, con el propósito de ayudarlos a prever los conflictos buscando el arreglo pacífico de las controversias y trabajando de manera conjunta con las escuelas de enseñanza superior del mundo para ampliar las iniciativas en favor de la CP.

Para empezar a trabajar en la paz positiva para el Índice Global por la Paz,[27] es indispensable contar con la siguiente serie de elementos subjetivos:

1. *Actitud*. Referirse a normas, creencias, preferencias y relaciones dentro de la sociedad. Influencia de actitudes, cómo cooperan las personas y los grupos, y pueden ambos impactar y ser impactado por las instituciones y estructuras que crea la sociedad.

2. *Instituciones*. Son los organismos formales creados por gobiernos u otros grupos, como empresas, industria, asociaciones, grupos de defensa ciudadana o laboral, sindicatos. Pueden ser responsables de suministrar educación o Estado de derecho, por ejemplo: la manera en que las instituciones operan se ve afectada por las actitudes que prevalecen dentro de una sociedad.

3. *Estructuras*. Las estructuras que definen las instituciones pueden ser tanto formales como informales y servir como código de conducta compartido, que es ampliamente aplicable a la mayoría de las personas. Informalmente, podría ser tan simple como el protocolo para hacer cola o formalmente tan complejo como el derecho fiscal. Las interacciones son a menudo regidas por reglas y estructuras informales, tales como cortesía, opiniones sociales sobre la moralidad o la aceptación o rechazo de otros comportamientos.

[27] http://visionofhumanity.org/app/uploads/2019/04/MPI-2019-ESP-Report-web.pdf, p. 66, (traducción propia).

Medidas para promover el desarrollo económico y social sostenible

Es importante tomar medidas amplias basándose en estrategias adecuadas y objetivos convenidos a fin de erradicar la pobreza mediante actividades nacionales e internacionales, reforzar la capacidad nacional para aplicar políticas y programas destinados a reducir las desigualdades económicas y sociales, por medio de la cooperación internacional; promoviendo soluciones efectivas, equitativas, duraderas y orientadas al desarrollo para resolver los problemas de la deuda externa; reforzar las medidas que se adopten a todos los niveles para aplicar estrategias nacionales en pro de la seguridad alimentaria sostenible, aprovechando al máximo la asignación y utilización de recursos; adoptar medidas para velar por que el proceso de desarrollo sea participativo; incluir una perspectiva de género y el fomento de la autonomía de mujeres y niñas, y que en las estrategias de desarrollo se atiendan las necesidades de mujeres y niños, así como de grupos con necesidades especiales; reforzar después de los conflictos los procesos de rehabilitación, reintegración y reconciliación de todos los involucrados; incluir estrategias y proyectos de desarrollo dedicados a la sostenibilidad del medio ambiente y su conservación; eliminar obstáculos que impidan la realización del derecho de los pueblos a la libre determinación y que afectan negativamente su desarrollo social y económico.

El impacto de la violencia en la economía mejoró 3.3% durante 2018. La mayor mejora fue en el conflicto armado, que disminuyó 29% a $672 mil millones, debido a una caída en la intensidad del conflicto en Siria, Colombia y Ucrania. También hubo una reducción sustancial en el impacto económico del terrorismo, que cayó en 48% por centavo de 2017 a 2018.

Medidas para promover el respeto de todos los derechos humanos

Entre las medidas más importantes para impulsar los derechos humanos, destacamos las siguientes: cumplir la Declaración y Programa de Acción de Viena, promoviendo y protegiendo los derechos humanos; fortalecer las instituciones y capacidades nacionales en la esfera de los derechos humanos; lograr los objetivos del Decenio de las Naciones Unidas para la educación en la esfera de los derechos humanos,

1995-2004; difundir y promover la Declaración Universal de Derechos Humanos a todos los niveles; prestar más apoyo a las actividades que realiza la Alta Comisionada de las Naciones Unidas para los Derechos Humanos en el desempeño de su mandato.

Estas medidas nacen de un proceso de internacionalización de los derechos humanos, en el que se visualiza el esfuerzo de reconstrucción de este paradigma ético que orienta el orden internacional y se fortalece la idea de la protección a la Cultura de Paz a partir de los derechos humanos, reduciendo la participación del Estado, donde la condición de persona es requisito único para la titularidad de derechos, desde una perspectiva integral.[28]

Medidas para garantizar la igualdad entre mujeres y hombres

La perspectiva de género se debe integrar en la aplicación de todos los instrumentos internacionales pertinentes a fin de promover la igualdad entre mujeres y hombres. Al respecto, una medida consiste en aplicar la Plataforma de Acción de Beijing aprobada en la Cuarta Conferencia Mundial sobre la Mujer con los recursos y la voluntad política que sean necesarios para darle seguimiento a los planes de acción nacionales relativos a la promoción de la igualdad entre mujeres y hombres mediante la adopción de decisiones económicas, sociales y políticas que fortalezcan las actividades de las entidades pertinentes del sistema de las Naciones Unidas, destinadas a eliminar todas las formas de discriminación y violencia contra la mujer, prestándoles el apoyo necesario y asistencia a las mujeres que han sido víctimas de cualquier forma de violencia.

De acuerdo con lo publicado por la Organización para la Cooperación y Desarrollo Económicos (OCDE),[29] a fin de lograr la equidad en la educación, los países deberían centrarse en la financiación y la dotación de recursos para la educación de los más vulnerables, para centrar los

---

[28] Piovesan, Flavía, "Protección de derechos sociales: retos de un Ius Commune", en Von Bogdandy, Armin, *Construcción y papel de los derechos sociales fundamentales*, México, Instituto de Investigaciones Jurídicas/UNAM, pp. 341, 342.

[29] https://www.oecd.org/centrodemexico/medios/laocdesostienequeesnecesario-redoblarlosesfuerzosparamejorarlaequidadenlaeducacion.htm (consultada el 15 de agosto 2019).

esfuerzos en la prevención de las repeticiones de curso y el fomento del acceso a la educación general de las personas procedentes de entornos desfavorecidos. Los profesores deberían disponer de buenas oportunidades para la formación y capacitación continua, así como contar con el conocimiento pedagógico adecuado para identificar y apoyar a estudiantes de todos los niveles; asimismo, resulta necesario promover el acceso y la provisión de una educación de la primera infancia de alta calidad y al alcance de todos. La importancia de invertir en programas de Atención y Educación de la Primera Infancia (AEPI), especialmente para los niños de entornos desfavorecidos, es también una recomendación crucial del informe "Marco de la OCDE para la acción de políticas para el crecimiento inclusivo" presentado recientemente, como una medida para reducir las desigualdades.

Medidas para promover la participación democrática

Con el propósito de salvaguardar la democracia y fomentar la participación ciudadana, es urgente consolidar todas las actividades destinadas a promover principios y prácticas democráticos, en todos los niveles de la enseñanza escolar, extraescolar y no escolar; de la misma manera en la formación de funcionarios públicos y la creación de capacidad en ese sector, fortalecer la participación democrática por medio de la prestación de asistencia electoral a petición de los Estados interesados y de conformidad con las directrices pertinentes de las Naciones Unidas; luchar contra el terrorismo, la delincuencia organizada, la corrupción, así como la producción, el tráfico y el consumo de drogas ilícitas y el lavado de dinero, por su capacidad de socavar la democracia e impedir el pleno desarrollo de una Cultura de Paz.

Sin perder de vista que los cambios vertiginosos se están produciendo con la globalización y pensar en el estatus de ciudadano del mundo o una cosmociudadanía, pues hemos entrado a la era del Estado cosmopolita, cuyo resultado en materia de ciudadanía es ser ciudadano de un Estado y ser ciudadano del mundo, pues la problemática democrática ahora la podemos ver como una problemática global, que lo mismo afecta a un país que a otro.[30]

---

[30] Habermas, Jürgen, *Facticidad y validez*, España, Trotta, 1998, pp. 643.

138

Medidas encaminadas a promover la comprensión, la tolerancia y la solidaridad

Entre otras acciones, se recomienda apoyar la aplicación de la Declaración de Principios sobre la Tolerancia y el Plan de Acción de Seguimiento del Año de las Naciones Unidas para la Tolerancia, unidas del diálogo entre Civilizaciones, estudiar las prácticas y tradiciones locales o autóctonas de solución de controversias y promoción de la tolerancia con el objetivo de aprender de ellas, promoviendo la comprensión, la tolerancia y la solidaridad en toda la sociedad, en particular con los grupos vulnerables, las poblaciones indígenas del mundo. También se hace hincapié en mostrar tolerancia y solidaridad con los refugiados, los migrantes y las personas desplazadas, teniendo en cuenta el objetivo de facilitar su regreso voluntario y su integración social; promover una mayor comprensión, tolerancia y cooperación entre todos los pueblos, por medio, de la utilización adecuada de nuevas tecnologías y la difusión de información, buscando siempre la cooperación entre los pueblos y entre las naciones e internamente.

Este modelo de protección surgió de los cambios que trajo consigo la globalización, y ahora nos enfrentamos a problemas globales como la migración, que generan una serie de grupos vulnerables que necesitan de la solidaridad y cooperación ante este nuevo paradigma, que va más allá de un futuro gobierno mundial, y que da origen a una cosmovisión de un nuevo proceso de culturización.[31]

Medidas destinadas a apoyar la comunicación participativa y la libre circulación de información y conocimientos

Asimismo, es importante apoyar la función que desempeñan los medios de comunicación en la promoción de una Cultura de Paz, velando por la libertad de prensa, y haciendo un uso eficaz de los medios de difusión masiva para transmitir información sobre una CP, con la participación de las Naciones Unidas y de los mecanismos regionales, nacionales y locales pertinentes. También se debe garantizar que las comunidades

---

[31] Dip, Ricardo, *Los Derechos humanos y el derecho natural*, España, Marcial Pons, pp. 110, 111.

puedan expresar sus necesidades y participar en la toma de decisiones, adoptando medidas acerca del problema de la violencia y buscando incrementar las medidas destinadas a promover el intercambio de ideas mediante las nuevas tecnologías de la información, incluido el Internet.

Medidas para promover la paz y la seguridad internacionales

A fin de promover la paz en el mundo se debe difundir un plan de desarme general y completo bajo control internacional estricto y efectivo, teniendo en cuenta las prioridades establecidas por las Naciones Unidas en esta materia, tomando en cuenta las experiencias que han resultado favorables para propiciar una Cultura de Paz, obtenidas mediante las actividades de "conversión militar" aplicadas en algunos países del mundo. Otra opción es alentar la confianza en actividades de negociación pacífica para la solución de conflictos; tomar medidas para eliminar la producción y el tráfico ilícitos de armas pequeñas y ligeras; apoyar actividades, en los niveles nacional, regional e internacional, encaminadas a la solución de problemas concretos que se produzcan después de los conflictos, como la desmovilización y la reintegración de excombatientes en la sociedad, así como de refugiados y personas desplazadas, la ejecución de programas de recogida de armas, el intercambio de información y el fomento de la confianza; desalentar y abstenerse de adoptar cualquier medida unilateral que no esté en consonancia con el derecho internacional y la Carta de las Naciones Unidas y dificulte el logro pleno del desarrollo económico y social de la población de los países afectados, en particular mujeres y niños, impida su bienestar, cree obstáculos para el goce pleno de sus derechos humanos, incluido el derecho de todos a un nivel de vida adecuado para su salud y bienestar y el derecho a los alimentos, la atención médica y los servicios sociales necesarios sin adoptar medidas de coacción militar, política, económica o de cualquier otra índole, recomendar que se dé la consideración adecuada a la cuestión de las repercusiones humanitarias de las sanciones, promover una mayor participación de la mujer en la prevención y la solución de conflictos y, en particular, en las actividades en que se promueva una Cultura de Paz después de los conflictos; promover iniciativas de solución de conflictos como el establecimiento de días de tranquilidad para llevar a cabo campañas de vacunación y distribución de medicamentos, corredores de paz para permitir la entrega de suministros humanitarios y santuarios de paz para respetar el papel fundamental de las instituciones sanitarias y médicas, como hospitales y clínicas y alentar la capacitación en técnicas de entendimiento, prevención y solución de conflictos.

Se han buscado instrumentos internacionales que permitan promover la paz y la seguridad internacional y así encontramos la Declaración sobre la Raza y los Prejuicios Raciales del 27 de noviembre de 1978, de la Unesco, en la que se establece, entre otras cosas:

1. Todos los seres humanos pertenecen a la misma especie y tienen el mismo origen. Nacen iguales en dignidad y derechos, y todos forman parte integrante de la humanidad.
2. Toda teoría que invoque una superioridad o inferioridad intrínseca de grupos raciales o étnicos que dé a unos el derecho de dominar o eliminar a los demás, presuntos inferiores, o que haga juicios de valor basados en una diferencia racial, carece de fundamento científico y es contraria a los principios morales y éticos de la humanidad.
3. Es incompatible con las exigencias de un orden internacional justo y que garantice el respeto de los derechos humanos, toda distinción, exclusión, restricción o preferencia basada en la raza, el color, el origen étnico o nacional, o la intolerancia religiosa motivada por consideraciones racistas, que destruye o compromete la igualdad soberana de los Estados y el derecho de los pueblos a la libre determinación o que limita de un modo arbitrario o discriminatorio el derecho al desarrollo integral de todos los seres y grupos humanos; este derecho implica un acceso en plena igualdad a los medios de progreso y de realización colectiva e individual en un clima de respeto por los valores de la civilización y las culturas nacionales y universales.[32]

De estas ocho esferas generales del Programa de Acción sobre una Cultura de la Paz, podemos identificar que algunos de los valores fundamentales para que se logre y tienen que ver con: la educación, el respeto, la responsabilidad, la cooperación, tolerancia, diversidad, flexibilidad,

---

[32] http://portal.unesco.org/es/ev.php-URL_ID=13161&URL_DO=DO_TOPIC&URL_SECTION=201.html (consultada el 21 de septiembre de 2019)

perseverancia, sensibilidad, compromiso, reciprocidad, beneficio mutuo, solidaridad, pero sobre todo la confianza.

El nivel promedio de paz global mejoró muy ligeramente, por primera vez en cinco años, en el GPI 2019 (Global Peace Index por sus siglas en inglés).[33]

El puntaje promedio del país mejoró en 0.09% desde el último año, 86 países mejoraron y 76 mostraron deterioros. La región de Medio Oriente y África del Norte siguió siendo la región menos pacífica a nivel mundial. Es el lugar de cuatro de los diez países menos pacíficos.

Europa sigue siendo la región más pacífica del mundo y ha registrado una mejora muy leve en la tranquilidad después de varios años de deterioro. Veintidós de los 36 países europeos han registrado mejoras en el GPI 2019.

En resumen, el GPI 2019[34] revela un mundo en el que las tensiones, los conflictos y las crisis que surgieron en la década anterior siguen sin resolverse, pero se han logrado algunos avances para lograr la paz. Sin embargo, mientras que en algunos casos los conflictos de larga duración han comenzado a disminuir y en otras, las causas subyacentes de muchos de estos conflictos no se han abordado y el potencial para que estalle la violencia sigue siendo muy real. También han surgido nuevas tensiones y una creciente insatisfacción de gobiernos de todo el mundo, lo que ha llevado a una creciente respuesta autoritaria en algunos países.

Además, las medidas de paz positiva se han deteriorado un poco en los últimos tres años. La paz positiva es un fuerte indicador principal de la paz futura. El deterioro de la paz positiva está estadísticamente vinculado a la violencia, a menos que estas causas sean abordadas. A menos que estas causas subyacentes sean abordadas de manera sistémica, y las actitudes, instituciones y estructuras que construyen y mantienen la paz en las sociedades sean compatibles, parece probable que el deterioro de la paz se reanudará en los años por venir.

En materia de educación, destacan las medidas clave que deben adoptar aunadamente los ministerios de educación y otros actores del sistema escolar y de la sociedad civil para integrar de manera efectiva la educación en derechos humanos en los sistemas de enseñanza primaria

---

[33] http://visionofhumanity.org/app/uploads/2019/07/GPI-2019web.pdf, p.4.

[34] http://visionofhumanity.org/app/uploads/2019/07/GPI-2019web.pdf, p.7.

y secundaria, para Yurén[35] esta educación tiene dos elementos centrales en la formación del ciudadano, por un lado favorecer su capacidad de autorregulación que lo lleve a ejercer su libertad y por otro lado debe aceptar la diversidad en una sociedad plural.

La educación es sin duda el proceso mágico que con creatividad miramos hacia el futuro tratando de innovar, preparando el camino de las aspiraciones del ser humano, por lo que el ciudadano ve al porvenir en la evolución social mediante el desarrollo armónico de todas sus capacidades, en un proceso de socialización y culturización del conocimiento de un futuro incierto que, guiado de la mejor manera nos va a llevar a mejores estratos en la sociedad.

Para Freire,[36] en materia de educación, el conocimiento no es cosa hecha o acabada, el conocimiento implica la constante unidad de acción y reflexión sobre la realidad, como parte integrante de la sociedad, y por ende del mundo, los seres humanos somos conscientes de que lo transforman obrando y pensando, lo que permite conocer a nivel reflexivo.

Otros elementos que son de suma importancia para la aplicación práctica de este programa de acción los vemos reflejados en los principios rectores de la mediación, como la voluntariedad, la confidencialidad, la neutralidad, la imparcialidad, la flexibilidad, celeridad y economía, entre otros, que de manera conjunta con los valores nos llevan de la mano a encontrar una salida satisfactoria a la problemática social en la que estamos inmersos.

El liberalismo busca, entre otras cosas, que los elementos antes descritos, se funden en el presupuesto filosófico del Estado liberal, donde la doctrina de los derechos del hombre que nace del derecho natural nos dice que todos los hombres indistintamente tienen por naturaleza algunos derechos fundamentales, como el derecho a la vida, a la libertad, a la seguridad, a la felicidad, que el Estado, o más bien, quienes ejercen el poder legítimo, debe respetar y garantizar frente a cualquier intervención posible de los demás.[37]

[35] Yurén, Teresa, *Ciudadanía y educación*, México, Juan Pablos/UAEM, 2013, p. 40.

[36] Freire, Paulo, *La importancia de leer y el proceso de liberación*, 16ª edición, México, Siglo XXI Editores, 2004, p. 68.

[37] Bobbio, Norberto, *Liberalismo y democracia*, 14ª reimpresión, México, Fondo de Cultura Económica, 2012, p. 11.

El respeto o, mejor dicho, el autorrespeto como lo establece Pérez Triviño,[38] "que tenemos por nosotros mismos no es algo que dependa únicamente de nuestras acciones y juicios sobre ellas. Depende también de la estima que sienten los demás por nosotros". Por lo tanto, si un individuo juzga positivamente estas acciones logra generar respeto existiendo una estrecha vinculación entre el respeto hacia uno mismo y el respeto y estima de los demás, nace de las diversas relaciones sociales, generando una conciencia de valor.

Hay un adagio popular que al hablar del respeto nos dice; "que hay algo en esta vida que nunca pasa de moda y estos son los buenos modales", pero los buenos modales tienen como principal elemento el respeto; por lo tanto, si tú quieres que te respeten tienes la obligación de respetar a los demás, que los actos que tu realices sean apreciados por los demás, consiguiendo con esto la autoestima, persiguiendo como un sentido propio de satisfacción la concepción del bien.

La cultura de la paz vista desde el proceso de democratización nos lleva a buscar la racionalización de la sociedad en la participación de la toma de decisiones, y que esta se vea reflejada en las aspiraciones de los individuos buscando más y mejores satisfactores que le proporcionen una mejor calidad de vida, alcanzando un cierto grado de civilización para asegurar en sus ciudadanos el máximo de libertad, ideal de una organización constituida para su realización plena.

Para Weber,[39] cuando habla de racionalismo nos dice que "es la teoría del conocimiento y de la ciencia según la cual no es la experiencia sensible, sino el entendimiento el mejor camino para llegar al conocimiento. Según el racionalismo la *ratio*, es decir, el pensamiento basado en la razón".

El ser humano es racional cuando está en condiciones de valorar sus propios actos, buscando un equilibrio entre sus pretensiones y las de los demás, tratando de hacerlos compatibles con la finalidad de generar confianza entre las partes que conviven y generar un ambiente donde su actitud sea el orden y este el eje primordial para desarrollar sus ac-

---

[38] Pérez Triviño, José Luis, *De la dignidad humana y otras cuestiones jurídico-morales*, México, Fontamara, 2007, p. 42.

[39] Weber, Max, *Conceptos sociológicos fundamentales*, 1ª reimpresión, España, Alianza, 2010, p. 179.

tividades en convivencia pacífica y organizada, obteniendo un mínimo de bienestar.

La razón de la libertad es que debe de estar garantizada para los individuos, Stuart Mill habla de un interés individual y un interés colectivo y establece que "la humanidad está justificada, individual y colectivamente, para interferir en la libertad de acción de cualquiera solo con el fin de protegerse", razón por la cual "el único objeto por el que legítimamente se puede ejercer un poder sobre cualquier miembro de una comunidad civil, contra su voluntad, es para evitar daño a los demás".[40]

El futuro de la sociedad de México y del mundo entero está en encontrar una fórmula que pueda llevar de la mano los dos elementos que parecen opuestos, pero que al final tendremos que hacer converger, de tal modo que la seguridad dé nacimiento al orden, y los derechos y las libertades se vean fortalecidos por una agenda de respeto institucional que genere certeza y certidumbre en todas las actividades que realicen los integrantes de la población, sin poner en riesgo la vigencia y el ejercicio de los derechos humanos.

---

[40] Stuart Mill, John, citado por Bobbio, Norberto, *Liberalismo y democracia*, 14ª reimpresión, México, Fondo de Cultura Económica, 2012, p. 72.

Capítulo V
Garantía y eficacia de los Derechos Humanos

El rompimiento de paradigma que estamos viviendo en México a partir de la reforma constitucional de 2008 en materia penal y la de 2011 en relación con los derechos humanos nos lleva a ver que la única forma de buscar una alternativa de solución a gran parte de la problemática que tenemos en México y en el mundo, es haciendo que la sociedad se haga responsable y participe de manera directa para solucionar los conflictos en los que se encuentra inmersa.

Cuatro son los grandes problemas que están generando un rompimiento del derecho y en específico de los derechos humanos:

1. La globalización.
2. El control de convencionalidad.
3. La pérdida de valores que conlleva la modernidad.
4. Su incidencia directa en la persona.

Pero qué está pasando en México con la implementación de estos derechos. Por un lado, encontramos que, en contra de una reforma educativa, ciertos grupos de la sociedad civil se han encargado de obstaculizar la libre circulación de las personas y de productos o mercancías de subsistencia, obstruyendo el paso como una medida de presión para derogar esta reforma educativa sin importar el interés superior del niño para obtener una educación de calidad.

O bien, un grupo de empresarios que promueven una serie de amparos para pedir que el Estado, por medio del poder coercitivo depositado en él, desaloje a estas personas aun en contra de su voluntad. De esta manera se han estado violando de manera constante muchas de las libertades que como personas tenemos y que se ven reflejadas en el desabasto no sólo de artículos de primera necesidad, sino también de otros satisfactores como medicinas, gasolina, etcétera.

Las libertades

Este conjunto de libertades lleva a generar una actitud asertiva de la sociedad en su comportamiento al hacer posible una apertura real en el diálogo con los demás, con una franqueza suficiente al dar a conocer su opinión sin esperar represalia alguna, donde la forma de pensar y actuar de un individuo sea respetada y no se actúe con cierto disimulo selectivo que lleva a fingir y decir solamente lo que el otro desea escuchar o sea útil para sus fines.[1]

Los derechos humanos tienen una larga historia, que se puede ver reflejada a partir de las diferentes doctrinas con las que se ha abordado y desde la perspectiva de los diferentes doctrinarios, pero todos buscan elementos que desde el punto de vista subjetivo ayuden a lograr lo que la doctrina platónica ya enunciaba como la felicidad del ser humano.

El derecho natural nos enseña que esta libertad es algo tan evidente como incuestionable y es la obligación que tienen los hombres de amarse mutuamente, pues el hombre tiene una incontrolable libertad de disponer de ella siendo el fin más noble el de su preservación, y enseña a toda la humanidad que todos los hombres somos iguales y que uno no puede dañar al otro, pues todos los hombres son dotados de las mismas facultades.[2]

Gran parte de los movimientos sociales que se han generado a través de la historia tienen su nacimiento en la pérdida de las libertades, así lo palpamos desde la revolución americana y en los diferentes movimientos sociales de la mayoría de los países latinoamericanos, que surgen al ejercer la defensa de los propios derechos de los individuos con respecto

---

[1] Schuler, Eric, *Asertividad*, España, Gaia Ediciones, 1998, pp. 22, 23.

[2] Locke, John, *Segundo Tratado Sobre el Gobierno Civil*, Madrid, Alianza, 2019, pp. 43, 44.

148

al poder del Estado, pues el reconocimiento del individuo como persona hace posible este tipo de cambios.

La libertad vista desde la sociedad busca que sea lo más sensata posible, siempre será mejor si el complejo de las obligaciones comunes que hace la ciudadanía está en relación con una visión del ser humano que de sentido y legitime cada uno de sus derechos, de modo que su libertad se vea reflejada en lo civil, lo político y lo social que históricamente han existido.[3]

Interrogantes de los derechos humanos en México

En la entrega del informe de 2017 que presentó el presidente de la Comisión Nacional de los Derechos Humanos en México, comentó que no basta que los derechos humanos sean positivizados, sino que faltan recursos económicos para su implementación. Mencionó que las quejas más recurrentes fueron contra el Instituto Mexicano del Seguro Social (IMSS); el Instituto de Seguridad y Servicios Sociales de los Trabajadores del Estado (ISSSTE); la Secretaría de Educación Pública (SEP), el Instituto Nacional de Migración; la Policía Federal; la Procuraduría General de la República (PGR); la Secretaría de la Defensa Nacional (Sedena), la Secretaría de Desarrollo Social (Sedesol); la Comisión Nacional de Seguridad, Órgano Administrativo Desconcentrado de Prevención y Readaptación Social; y la Secretaría de Marina (Semar).

Aunado a esto, México ocupa el lugar antepenúltimo en Latinoamérica, sólo delante de Colombia y Venezuela, como uno de los países más violentos según el GPI, y el mexicano promedio manifiesta desconfianza para presentarse a denunciar, pues según la Encuesta Nacional sobre Victimización (ENVIPE) del Inegi de 2019, de cien delitos que se cometen sólo se denuncian 6.8, y no se presenta a hacerlo según esta encuesta por pérdida de tiempo 31.7%, desconfianza ante la autoridad 17.4%, trámites largos y difíciles 8.9%, actitud hostil de la autoridad 4.3%, pero lo más grave es que 0.8% tiene miedo de ser extorsionado.

<hr>

[3] Donati, Pierpaolo, *Sociología relacional de lo humano*, España, Universidad de Navarra, 2019, pp. 111, 112.

De este mismo informe se desprende que "En poco más de 5 años, hemos fortalecido significativamente el régimen jurídico de los derechos humanos, estableciendo nuevos ordenamientos que atienden retos históricos de nuestra sociedad […] Contar con una legislación adecuada es esencial, pero no es suficiente".[4]

También encontramos que la reforma constitucional de 2011 no ha podido implementarse totalmente en virtud de lo que la Suprema Corte de Justicia de nuestra nación establece en la contradicción de tesis 293/2011:

> De esta forma y en virtud de la supremacía de la Constitución de conformidad con el Artículo 133 de la misma y las diversas interpretaciones jurisprudenciales que se han hecho a dicho artículo, la aplicación de las normas de derechos humanos contenidas en tratados internacionales debía sujetarse a los límites establecidos en la propia Constitución.

Esto, sin duda, hace que se tenga que trabajar de manera más directa en esta materia y ver que los derechos humanos por sí solos no lograrán cambiar este discurso. Es necesario articular una serie de políticas públicas que incentiven la participación y colaboración de todos los sectores de la sociedad tanto pública como privada y que aporten los elementos necesarios para lograrla, no sólo su reconocimiento, sino también trabajar en su aplicación práctica.

Desde mi particular punto de vista, si queremos que los derechos humanos funcionen de manera práctica debemos empezar a actuar aplicando el lado humano del ser humano que, aunque parece un juego de palabras, en la realidad no lo es y menos cuando el Estado sólo ocupa al ser humano como estadística sin importar la dignidad de la persona, partiendo del conocimiento recíproco en cada una de las actividades diarias que realizamos.

Las razones que explican la diferencia entre lo que hacemos y lo que debemos de hacer son fácilmente comprensibles, ya que criticar requiere menos esfuerzo y es muy rentable para nuestro ego, y la autocrítica

[4] https://www.gob.mx/presidencia/articulos/informe-anual-de-actividades-2017-del-presidente-de-la-comision-nacional-de-los-derechos-humanos (consultada el 23 de junio de 2018).

es más estimulante, pues nos lleva de manera más directa al crecimiento personal y por ende al de la sociedad.[5]

El respeto a los derechos humanos es esencial en cualquier sociedad donde se pretenda convivir con orden. No existen ni existirán los derechos humanos en una sociedad donde esté por encima la anarquía, donde el poder sea generador de la problemática de la sociedad, es necesario que estos derechos se vean reflejados en la persona humana.

Las instituciones deben llegar a ofrecer espacio para la experiencia individual y simultáneamente ofrecer nuevas formas de cooperación colectiva. Debemos prepararnos para que, de manera conjunta, se busquen soluciones a las dificultades que se originan en problemas compartidos.

Cuando se habla de la cooperación social, John Rawls[6] establece ciertas acciones que necesariamente se tienen que cumplir:

1. La cooperación se guía por reglas públicamente conocidas y por procedimientos que aceptan los cooperadores.
2. La cooperación implica la idea de condiciones justas de cooperación partiendo de que al aceptarlas implican en cierto grado la reciprocidad.
3. La cooperación social parte de la idea del bien, donde el proyecto parta desde la perspectiva del involucramiento.

De manera general, es posible visualizar que las políticas educativas tienen necesidad de un proceso colaborativo de las Ciencias Sociales para lograr más racionalidad y eficacia en su formulación con el fin de facilitar su desarrollo en esta área, pues existe una necesidad de articularse con las políticas. Una mayor articulación permitiría a las Ciencias Sociales lograr mayores niveles de pertinencia y validez en sus contribuciones, facilitando su evolución y conceptualización práctica.[7]

En un mundo tan globalizado como el nuestro, la universidad juega un papel muy importante en el proceso de participación y modernización

[5] Bolinches, Antoni, *El secreto de la autoestima*, Barcelona, Agencia Literaria Baladona, 2019, p. 29.

[6] Rawls John, *Liberalismo político*, 4ª reimpresión, México, Fondo de Cultura Económica, 2003, p. 40.

[7] Lozano Josefina, *Educar en la diversidad*, Barcelona, Davinci, 2007, pp. 183, 184.

de nuestro país. En el ámbito internacional es importante que se destinen más recursos para mejorar la Educación Superior, se requiere de inversión y aplicación del progreso científico y tecnológico para modernizar los procesos productivos de la región. Para lograrlo, se deben dedicar más recursos para expandir y mejorar tres elementos clave de los sistemas de innovación de la región: *1*) la infraestructura científica; *2*) la oferta de personal de investigación altamente calificado, y *3*) una estrecha y funcional vinculación entre los centros de investigación y las empresas productivas.

La universidad pública debe retomar su papel en materia de educación superior y vincularse de manera directa con el sector productivo local. Debe existir una mayor relación entre la agenda de investigación de las universidades y las necesidades de la sociedad para reducir costos e innovar; se requiere una intervención directa del gobierno para crear una agenda de trabajo y colaboración entre instituciones académicas y empresas locales, sean públicas o privadas.

La globalización y el incremento de la competencia internacional que ha traído consigo, obligan a las universidades públicas a alcanzar estándares mundiales de calidad. Al mismo tiempo que estudiantes, profesores, investigadores y los recursos financieros, adquieren una mayor movilidad internacional. Las universidades públicas y para estos efectos también las privadas deben modernizarse y ser competitivas para mantenerse en el *ranking* de educación.

Esta situación se ve reflejada en el trabajo que realizan algunos organismos internacionales como la Comisión Interamericana de Derechos Humanos (CIDH), pues en su informe existen ciertos problemas; uno destacable es que de 2 494 peticiones a lo largo de 2017, la CIDH aprobó 120 informes de admisibilidad, lo cual constituyó un récord histórico; 35 informes de fondo, que es más del doble que los aprobados el año anterior; el mayor número de reuniones de trabajo de su historia para facilitar acuerdos de soluciones amistosas; y otorgó 45 medidas cautelares. Asimismo, se logró reducir a un mínimo histórico el número de peticiones en etapa de estudio inicial; y evaluó 100% de las peticiones recibidas el año inmediatamente anterior. Asimismo, ha mantenido un diálogo y armonización periódica con la Corte Interamericana, ha enviado 18 casos a la Corte, 4 solicitudes de medidas provisionales y ha retomado el envío de solicitudes de Opiniones Consultivas tras casi 10 años sin hacerlo. De esta manera, la CIDH alcanzó sus primeros objetivos para fortalecer el sistema de casos y peticiones, reducir el atraso procesal y para activar resultados concretos con miras a hacer más eficiente y oportuna la respuesta para los y las usuarias del sistema.[8]

Como se mencionó anteriormente, sólo se aprobaron 120 informes de admisibilidad de 2 494 peticiones, por lo cual quedaron por analizar 2 374, lo que nos demuestra que gran parte de la problemática en esta materia no es tan fácil de resolver y esto hace que los organismos internacionales no cumplan con la función para la que fueron establecidos, en una sociedad que se encuentra desconfiada de las instituciones en el plano nacional e incluso estatal y municipal.

En el proceso cultural que se ha desarrollado donde cada persona se desenvuelve con una ideología particular, podemos ver que "El sistema es como una cadena sobre la cual avanza; cada uno de los encargados aprieta, por ende, su respectivo perno, y al final de la cadena sale terminado el producto del sistema",[9] pero él no trabajar de manera colaborativa hace que una autoridad considere que la otra fue la que realizó mal su trabajo.

Elementos aplicables para llegar a una Cultura de Paz

La posición del ser humano siempre se verá reflejada de acuerdo con la percepción que tiene del conflicto, y esta puede ser beligerante, si su primera reacción es instintiva al protegerse de cualquier acción que pudiera perjudicar sus objetos o su integridad física, o bien, analítica y reflexiva para actuar de manera positiva tratando de construir acuerdo mediante el diálogo y la comunicación, donde de manera constructiva se logre que no estalle el conflicto, sino que aminore para poder buscar alternativas de solución, donde de manera directa las partes salgan beneficiadas al jugar a ganar-ganar.

La gestión del conflicto parte de hacer un análisis de cómo se generaron las diferencias que lo ocasionaron y trabajar estableciendo puentes de comunicación que nos lleven al cambio de actitud para conseguir pasar de un proceso competitivo a un proceso cooperativo,

---

[8] http://www.oas.org/es/cidh/prensa/comunicados/2018/097.asp (consultada el 9 de febrero de 2019).

[9] Hulsman, Louk, *Sistema penal y seguridad ciudadana: Hacia una alternativa*, España, Ariel, 1984, p. 46.

orientado a producir un cambio en las relaciones de las personas afectadas de modo que tienda a la pacificación lo más rápido posible y de la mejor manera.[10]

En la justicia alternativa se rompe con el paradigma de la aplicación del derecho, pues quienes quieran solucionar sus conflictos peleando podrán hacerlo en el sistema tradicional; quienes crean que los conflictos se pueden resolver de manera positiva, constructiva y mirando al futuro de sus relaciones, podrán optar por los medios alternos de solución de conflictos. Lo más importante es la persona y este es el eje rector y central en el que va a descansar la actividad desarrollada en el proceso.

La eficacia de estos procedimientos radica en que son las partes las que se van a encargar por sí mismas de enfrentar y resolver el conflicto, con base en su autonomía de la voluntad y de acuerdo con sus intereses, reconociendo y respetando su participación al hacer las propuestas de solución para resolver de manera positiva las diferencias que dieron vida al conflicto, con base en una negociación exitosa en la cual los que participan salgan ganando.

Los intereses de las partes en el conflicto se encuentran muy bien definidos y gran parte de sus posiciones se reflejan en su actuar. Así encontramos que la falta de comunicación ha hecho que estén pensando que cualquiera de ellos tiene la finalidad de afectarlo de manera directa, propiciando con ello ciertas acciones de protección y salvaguarda de sus bienes tanto personales, de identidad, así como pecuniarios.

Las necesidades son aquellos elementos que queremos que sean vistos por la otra parte en el conflicto, acciones emocionales que son imprescindibles en el interactuar diario de la sociedad, un ente que está en igualdad de circunstancias y que sea reconocido de esa manera, actúa de manera racional, reflexiva y constructiva.

Elementos por considerar para tener un buen manejo del conflicto

La mediación es un proceso estructurado de gestión de conflictos en el cual las personas que tienen algunas diferencias se reúnen en presencia

---

[10] Redorta, Josep, *Gestión de conflictos*, Barcelona, UOC, 2017, pp. 23, 24.

154

del mediador o mediadora que va a fungir como un facilitador del diálogo y, por este medio, buscan alternativas de solución a su problema colaborando de manera positiva, constructiva, proyectiva, buscando soluciones que satisfagan a cada uno sus intereses en una negociación exitosa para ambos. No debemos olvidar que el eje rector de la mediación es la persona, y así encontramos que:

- El agua para que llegue a su proceso de formación necesita dos átomos de hidrógeno y uno de oxígeno.
- Los minerales como el oro necesitan de aleaciones para que puedan ser utilizados.
- Para poder procrear a un individuo debe haber un positivo y un negativo.
- En el derecho de propiedad para que se llegue a su culminación es necesario tanto el *animus* como el *corpus*.

De esta manera el proceso jurisdiccional tendrá como eje central rector al ser humano en el aspecto tanto legal como emocional.

Como el eje rector es la persona empezaremos con dos elementos de suma importancia, *a*) saber escuchar y *b*) saber preguntar.

En materia de justicia alternativa el escuchar es muy relevante y si hacemos la escucha activa es mucho mejor, porque esto nos lleva en el proceso a generar confianza en quienes participan. El diálogo que nace de la comunicación crea un clima de acercamiento entre las partes haciendo que se participe con más apertura en la exposición de la narración de la historia de cada participante, creando un mejor ambiente en el lugar en el que se lleva a cabo la sesión de mediación independientemente de las técnicas que vaya utilizando el facilitador.

Esta técnica lleva consigo el reconocimiento de quienes participan, al estar pendientes del diálogo, al mostrar su interés en el desarrollo, creando y mejorando las condiciones de la comunicación, promoviendo la participación positiva de las partes en la búsqueda de acuerdos satisfactorios a sus intereses y necesidades, y que se tome la mejor de las decisiones en el convenio por firmar, pero sobre todo que se logre su cumplimiento. Escuchar activamente implica participar en una conversación con la intención de comprender lo mejor posible a los demás.

Para Bishop,[11] no basta sólo con comunicarse, sino que hay que hacerlo con asertividad, para que se refleje una comunicación clara, directa, honesta y espontánea, adecuando el vocabulario al receptor, evitando palabras técnicas o juegos de palabras y usando un lenguaje para que quienes participen puedan comprender y se sientan parte de la conversación, que esta sea fluida y consiga reflejar una postura positiva en su desarrollo.

Yolanda Esteban[12] señala que el concepto de comunicación desde el punto de vista lineal se entiende como toda transferencia de información, y al mensaje como un conjunto fluido y multifacético de muchos modos de conducta, cuyos elementos de la comunicación según este modelo son:

1. *El emisor* o *fuente*: punto de origen del mensaje.
2. *Mensaje*: que es la serie de símbolos seleccionados por el emisor.
3. *Destino*: ser o mecanismo a quien va dirigido el mensaje.
4. *Trasmisor* o *receptor*.
5. *Canal*: es el medio físico a través del cual se trasmite la señal.
6. *Código*: sistema de equivalencias que de manera convencional establecen las partes.
7. *Contexto*: todo lo que rodea al acto de comunicación.
8. *Ruido*: cualquier interferencia en la señal.
9. *Feedback*: es la retroalimentación.

El mediador requiere de una preparación para su formación y compromiso personal, que le permita desarrollar habilidades, actitudes y destrezas para afrontar un proceso de mediación. Los mediadores deben aprender a hacer un análisis de su propia capacidad para poder enfrentarlos y estas características pueden ser además de la que ya mencionamos: *a*) la dinámica de sus conflictos, *b*) expresión de emociones y

---

[11] Bishop, Sue, *Desarrolle su asertividad,* 3ª edición, España, Nuevos Emprendedores, 2008, pp. 80, 81.

[12] Esteban Soto, Yolanda, *La comunicación. Su utilidad y poder en el proceso de mediación,* en Helena Soleto M. (coordinadora), *Mediación y solución de conflictos. Habilidades para una necesidad emergente*, Madrid, España, Tecnos, 2007, pp. 77-80.

sentimientos, *c*) herramientas de comunicación, *d*) de cooperación, *e*) pensamiento creativo, *f*) toma de decisiones, *g*) cultura pacífica.[13]

Cuando hacemos un análisis del conflicto podemos ver que no todos los que se producen en el interactuar de las relaciones sociales tienen de protagonista la posición de dos partes, en muchas ocasiones hay pluralidad de personas, a partir de la bilateralidad de posiciones, criterios y sobre todo de los diferentes puntos de vista.

Para Luhmann,[14] es importante contar con este tipo de elementos, pues la adecuación del derecho no debe tomarse como una traición, debe legitimarse en el marco de los valores reconocidos, y dentro de los derechos humanos es importante recurrir a los valores en lugar de las normas y esto tiene un sentido funcional, aunque desde el punto de vista científico, no pueda justificarse ni explicarse de manera suficiente.

La figura del mediador o facilitador

En cualquier proceso siempre es importante que el que se encargue de facilitar la comunicación tenga cierta preparación en el ámbito de la enseñanza o de la educación, partiendo de que "el conocimiento es el fruto que se recoge en el camino de la reflexión",[15] pues son esenciales las formas de razonar o argumentar para la toma de decisiones. Por eso en los planes de estudio se han implementado competencias transversales en las que el conocimiento del medio es un elemento importante en el desarrollo del procedimiento, centrado en las habilidades generales comunes para el dominio de nuestra actividad.

Visión del mediador o facilitador

1. Ser mediador nos lleva a descartar la violencia como elemento válido para la solución de las diferencias en un conflicto.

---

[13] Boqué Torremorell, M. Carme. *Tiempo de mediación*, Barcelona, España, CEAC, 2005, pp. 130, 131.

[14] Luhmann, Niklas, *Los derechos fundamentales como institución*, México, Universidad Iberoamericana, 2010, p. 106.

[15] Saiz Sánchez, Carlos, *Pensamiento crítico y cambio*, España, Pirámide, 2017, p. 15.

2. El conflicto es algo normal en una sociedad moderna como la nuestra, y aceptamos los conflictos como parte natural de la vida.

3. Todas las personas actuamos de manera diferente, y nuestra diversidad en la forma de actuar y pensar es la fuente de inspiración y riqueza para la humanidad.

4. La historia y la realidad social nos indican que la sanción no es la mejor solución, es mejor actuar de manera responsable por los propios actos y buscar reparar voluntariamente las posibles consecuencias de nuestros actos.

5. Siempre brindamos apoyo cuando un compañero o compañera tiene algún problema.

6. Es importante la prevención, antes del conflicto, evitando su estallamiento.

7. En un conflicto todos podemos salir ganando.

8. La mediación es un proceso por el cual la sociedad al participar puede hacer que cambie la forma de pensar y de actuar de las personas.

9. La educación y el conocimiento del medio nos ayudan a aprender estrategias de gestión positiva de conflictos.

10. La Cultura de la Paz es el camino de una sociedad que pretende convivir en armonía, la mediación es el vehículo que nos puede llevar a alcanzar este fin.

En la justicia alternativa, la comunicación por medio del lenguaje siempre debe de ser positiva, con apertura a la realidad social buscando, más que la formalidad, la eficacia material que ayude a resolver la conflictiva en la que estamos inmersos y que nos afecta desde el ámbito político, económico y social, fiel reflejo de una sociedad que ha entrado en la modernización, donde la toma de decisiones es más compleja.

Para Loredana Di Stefano, cuando existe la necesidad de ofrecer una justicia de calidad, más accesible a los ciudadanos y que alcance niveles de satisfacción que se vean reflejados en la percepción de la ciudadanía, es importante que cada acción se adapte a las necesidades y estructuras de los grupos a los que se pretende servir para que se genere la confianza, y también que se legitime el proceso a implementar.[16]

---

[16] Di Stefano, Loredana, "Mediación conectada con los tribunales: estructuración y principios que regulan su funcionamiento", en *Mediación y resolución de conflictos: técnicas y ámbitos*, Madrid, España, Tecnos, 2011, pp. 287, 288.

Para ser un mediador competente, aparte de ser profesionista, se requieren algunas otras capacidades como las siguientes:

1. Una comunicación eficaz.
2. Sensibilidad, habilidad para recibir y administrar información.
3. Habilidad para negociar, para actuar y entender su papel de mediador neutral e imparcial.
4. Aptitud para identificar los intereses de las partes, buscar soluciones creativas y adecuadas.
5. Acertar en las alternativas posibles, comprensión de los principios éticos, conocimiento del contexto institucional, entre otros.[17]

No es fácil reunir estas características, pero es importante empezar a desarrollar un proceso cultural que, vinculado con la educación, permita que el ser humano adquiera las habilidades y destrezas necesarias, día con día, para dominar ciertos conocimientos elementales, que nos van a dar una visión nueva de este proceso que nace con la Cultura de Paz.[18]

Por eso es necesario que el facilitador cuente con tres habilidades que le ayudarán a proponer una mejor solución al conflicto planteado: *a*) ser empático, *b*) ser asertivo y *c*) hacer una reflexión crítica.

La empatía:

- Ser capaz de comprender a las partes en sus propios términos.
- Manejar los sentimientos y ocupaciones ajenas con pleno conocimiento de sus necesidades.
- Entender los puntos de vista de los demás buscando hacerlos convergentes.
- Aprender a escuchar e interesarse por las preocupaciones del otro.
- Hacer entender que existen diferencias, buscando sus beneficios.
- Buscar la forma de trabajar en un objetivo común.

---

[17] Di Stefano, Loredana, *Mediación conectada*, *op. cit.*, pp. 301, 302.
[18] Fried, Charles. *La libertad moderna y los límites del gobierno*, Madrid, España, Katz Editores, 2009, pp. 177-179.

La asertividad:

- No hablar más que lo indispensable.
- Hacer valer los derechos de todos sin que exista alguna diferencia.
- Comunicarse de manera clara y convincente.
- Cuidar que la conducta y la forma de expresarse sea la adecuada.

El razonamiento crítico:

- Analizar y reconocer las áreas de insatisfacción.
- Obtener la mayor información.
- Centrarse en las necesidades suavizando las diferencias.
- Hacer entender la nueva percepción de sus problemas y la forma de abordarlos.
- Comprender la necesidad del cambio de ciertas actitudes y hábitos.
- Tomar decisiones.[19]

Una de las principales tareas del mediador será establecer los puentes de comunicación entre las partes, su función como facilitador lo lleva a actuar de manera prudente, tolerante, reflexiva, cooperativa, con la finalidad de construir una serie de elementos para saber abordar el conflicto.

Para que se logren estos objetivos es importante que quien participe como facilitador lo haga desde el lado humanista del ser humano, que reflexione de manera responsable sobre su actividad, ya que de esto depende empezar a generar confianza en la población, pues el plus de un procedimiento bien realizado y desde el punto de vista de la educación se aprende y se difunde, generando un proceso cultural donde la sociedad es el partícipe directo y sus beneficios también.

El mediador debe percibir las cualidades positivas de las personas, empezando por él y quienes lo rodean, pero sobre todo busca que las partes sean los protagonistas de las soluciones, permitiendo que los contendientes "sean sus propios jueces" y en consecuencia la decisión acordada

<hr>

[19] Ortega Pérez, Carlos A., *Toma de decisiones y resolución creativa de conflictos*, España, Formación Alcalá, pp. 125, 126.

por las partes sea cumplida puntualmente al reconocer que ellas mismas propusieron la alternativa de solución.[20]

Son protagonistas en la toma de decisiones porque se fundamentan en la autonomía de la voluntad de las partes y son ellos los que exploran y buscan la forma de lograr acuerdos en los que se puedan encauzar las diferencias; logran que las partes, por sí mismas, con base en el diálogo productivo, se empoderen y les den valor a las acciones que les permitan encontrar una solución pacífica.

De esta manera el protagonismo que tenía el juez en el sistema tradicional pasa a ser de quienes intervienen en las sesiones de mediación, de ahí la importancia de empezar a buscar elementos suficientes para poder realizar una buena mediación, con la cual las partes busquen resolver sus diferencias de manera positiva, proyectiva, pensando en el futuro de la relación emocional, para resolver el conflicto de fondo.

Al abordar el conflicto, al mediador o facilitador le corresponde considerar los siguientes aspectos:

1. Uno de los grandes problemas de la justicia tradicional es la forma en que actúan los operadores jurídicos y para cambiar esta situación se necesita trabajar en una metodología que sea más afín a las costumbres y formas de pensar de las partes, para inducirlas a generar una buena comunicación mediante el diálogo.
2. Al cambiar la narrativa del conflicto y enfocarse en encontrar los intereses y necesidades, pueden proponer alternativas de solución que reflejen una actitud de cooperación y colaboración.
3. La importancia de este procedimiento no sólo radica en colaborar y cooperar para elaborar el convenio donde se pacten las alternativas de solución del conflicto, sino que se genere un compromiso de su cumplimiento, porque si se cambia la obligación jurídica por una obligación moral, se logrará de manera efectiva que el conflicto se resuelva de fondo.

Para Aguiló,[21] hay que evitar la tramitología que ha impuesto la burocracia, pues se corre el riesgo de repetir lo sucedido con la justicia

---

[20] Mejías Gómez, Juan Francisco, *La mediación como forma de tutela judicial efectiva*, Madrid, España, El Derecho y Quantor, 2009, p. 11.

[21] Aguiló Regla, Joseph, *El arte de la mediación*, España, Trotta, 2015, p. 103.

tradicional; en su lugar, se propone generar un cambio de mentalidad y cultura jurídica, para que el procedimiento resulte verdaderamente funcional y las partes en defensa y procuración de sus intereses y necesidades busquen la mejor salida al conflicto generado.

Principios rectores en la ley

Gran parte de esta filosofía la encontramos en los principios rectores que vienen establecidos en la Ley Nacional de Mecanismos Alternativos de Solución de Controversias en Materia Penal, publicada en el *Diario Oficial de la Federación* el 29 de diciembre de 2014, donde establece en su:

Artículo 4. Son principios rectores de los Mecanismos Alternativos los siguientes, mismos que nos lleva a que las partes sean los principales actores del procedimiento:

I. Voluntariedad: La participación de los Intervinientes deberá ser por propia decisión, libre de toda coacción y no por obligación.

El único proceso donde no hay violación a los derechos humanos es la justicia alternativa, pues parte de la voluntad de quien desea o no hacerlo y también hasta dónde pueda o no obligarse, así el convenio que pone fin a las sesiones puede ser cumplido de manera voluntaria.

Para Zygmunt Bauman,[22] la coincidencia de dos personas en una relación en la que ambas se sientan simultáneamente satisfechas no significa más que cada una está de acuerdo en esa relación pura fundamentada en la gratificación del deseo al negociar un compromiso satisfactorio, que realiza como un ser libre de las ataduras que todo cumplimiento de la obligación impone.

II. Información: Deberá informarse a los Intervinientes, de manera clara y completa, sobre los Mecanismos Alternativos, sus consecuencias y alcances.

[22] Bauman, Zygmunt, Bordoni, Carlo, *Estado de crisis*, 2ª edición, Colombia, Paidós, 2016, pp. 184, 185.

El proceso de información de primera mano es elemental para que quienes participan puedan entender el alcance de las acciones que pretendan realizar en este procedimiento, lo cual se reflejará en las decisiones que se plasmen en el convenio con el que se ponga fin al conflicto.

La elección real como resultado de la maximización del acuerdo, debe exigir al menos la correspondencia que, con base en la información, se busca, tratando de conseguir acciones encaminadas a ese fin, y debe ser adecuada a su comportamiento, convencido o buscando modelos de comportamiento alternativo en la maximización de su propio interés.[23]

> III. Confidencialidad: La información tratada no deberá ser divulgada y no podrá ser utilizada en perjuicio de los Intervinientes dentro del proceso penal, salvo que se trate de un delito que se esté cometiendo o sea inminente su consumación y por el cual peligre la integridad física o la vida de una persona, en cuyo caso, el Facilitador lo comunicará al Ministerio Público para los efectos conducentes.

Uno de los grandes problemas que encontramos en los operadores jurídicos en materia de administración y procuración de justicia, según el Instituto Nacional de Estadística y Geografía (Inegi), en la Encuesta Nacional de Victimización y Percepción sobre Seguridad Pública (ENVIPE) 2018, es que la sociedad ya no confía en las instituciones y las personas encargadas de brindar la seguridad jurídica, pues incluso tienen miedo a ser extorsionados.

Aunque con este principio se busque generar confianza entre quienes participan, es importante que puedan aportar todo tipo de elementos pensando que única y exclusivamente serán tomados en cuenta para este procedimiento y que, si alguno de ellos por alguna razón no llega a su cumplimiento total, lo que se presentó no podrá ser utilizado como medio de prueba en otra ocasión, aunque quieran utilizarlo más de una vez.

> IV. Flexibilidad y simplicidad: Los mecanismos alternativos carecerán de toda forma estricta, propiciarán un entorno que sea idóneo para la manifestación de las propuestas de los Intervinientes para resolver por consenso la controversia; para tal efecto, se evitará establecer formalismos innecesarios y se usará un lenguaje sencillo.

---

[23] Sen, Amartya, *Sobre ética y economía*, España, Alianza, 2003, pp. 31-33.

La técnica jurídica y el burocratismo han generado que muchos de los delitos no sean denunciados, por lo cual de esta manera se busca un acercamiento más real con los justiciables y el aparato burocrático establecido para este fin, buscando en la libertad el desarrollo instrumental eficaz, para vivir como le gustaría hacerlo, ya que contribuye a la capacidad general de las personas para cumplir con sus objetivos, vinculados a sus aspiraciones.[24]

> V. Imparcialidad: Los Mecanismos Alternativos deberán ser conducidos con objetividad, evitando la emisión de juicios, opiniones, prejuicios, favoritismos, inclinaciones o preferencias que concedan u otorguen ventajas a alguno de los Intervinientes.

Las personas que por necesidad acuden a estas instancias por lo menos esperan que el facilitador sea un ente que tenga como finalidad llevar su función a buen término, que no recurra a actos o acciones sospechosas o que no son bien vistas por quienes participan y cuya formación ética se vea plasmada en todo el procedimiento, pero sobre todo en su participación.

La autoridad moral depende de la naturaleza de la ética y esta proviene de la crítica cultural que ubica en los individuos ciertos derechos bien definidos, que puede reconocer en una persona el derecho a ser justiciable bajo ciertas reglas que le dan la seguridad de que va a ser tratado con las mismas consideraciones de quien o quienes también participan, es un derecho humano afín a todas las personas.[25]

> VI. Equidad: Los Mecanismos Alternativos propiciarán condiciones de equilibrio entre los Intervinientes.

Como fuente del derecho anglosajón, lo que busca es encontrar un equilibrio entre las pretensiones y lo que se puede dar. La *equity* para algunos doctrinarios representa un equilibrio entre la justicia natural y la ley positiva, que busca una solución equitativa más que la aplicación

---

[24] Sen, Amartya, *Desarrollo y libertad*, Argentina, Planeta, 2000, pp. 56, 57.
[25] *Ibidem.*, pp. 276-279.

legalista del derecho, para dar satisfacción en conciencia y de manera racional a quienes piensan que el derecho común no responde a las necesidades propias de la sociedad.

Cuando Amartya Sen[26] habla del enfoque de la elección social a la teoría de la justicia, concentra su preocupación en la razón práctica y las decisiones que hay que tomar, más que en la especulación, y de esta manera se enfoca en trabajar en las ofertas disponibles, reconociendo la pluralidad de las razones en exigentes y rigurosas reglas, que no hace justicia a la idea de justicia.

> VII. Honestidad: Los Intervinientes y el Facilitador deberán conducir su participación durante el mecanismo alternativo con apego a la verdad.

Para resolver los conflictos de una manera honesta, es necesario que se participe de manera ética y que los valores lleguen a permear en las estructuras sociales, teniendo la oportunidad de adoptar en beneficio de la sociedad los principios públicos de la comunidad ética y adaptarlos entre los seres libres y racionales que serán utilizados en su protección y beneficio.

La justicia colaborativa

Por ser algo novedoso, la implementación en México de la justicia colaborativa no resulta fácil, pues esto implica una nueva forma de pensar y de actuar. Es complicado lograr que el infractor tenga un sentido de culpabilidad y quiera ver las consecuencias del ilícito, pues resulta muy difícil después de haber pasado por esa amarga experiencia el lidiar con él. Además la sociedad debe estar preparada para saber cómo actuar ante situaciones de este tipo.

Este modelo integrador privilegia la participación de la sociedad en la resolución de los conflictos, pues hace que sus integrantes sean los protagonistas del procedimiento, en tanto que la participación del Estado es mínima. Por tal razón, su desarrollo se centra de manera exclusiva en

---

[26] Sen, Amartya, *La idea de la justicia*, México, Taurus, 2010, pp. 136, 137.

quienes fueron los generadores del conflicto, buscando alternativas de solución que impacten también en el grupo social en el que interactúan.

El nuevo discurso que ha generado el derecho colaborativo va de la mano con la participación de todos los que de alguna manera debemos intervenir en conjunto buscando las mejores alternativas de solución. Como dice Hernández Gil,[27] no es fácil describir el proceso discursivo en la construcción jurídica, entre él y la práctica hay una falta total de correspondencia, pues los ordenamientos jurídicos llevan demasiada carga especulativa en la formación de criterios y reglas de comportamiento, mientras que en el iusnaturalismo la lógica aparece asociada con la ética, la dogmática se asocia con la historia, no en cuanto a la expresión de la realidad social.

La justicia colaborativa busca generar conciencia en la ciudadanía sobre la pacificación basada en las relaciones humanas, propone soluciones conciliadoras del conflicto, flexibilizando y simplificando el procedimiento, y echa mano de figuras jurídicas como la mediación y la conciliación para que coadyuven y respondan a la necesidad misma de la sociedad, con el propósito de que las partes implicadas puedan ser canalizadas a un facilitador que apoye en la resolución del conflicto.

No olvidemos que en cualquier procedimiento la figura del juez siempre es el actor principal, y que este es falible al momento de emitir una resolución. De acuerdo con Jerome Frank,[28] para resolver un caso, el juez se basa en creencias sobre los hechos pasados por él observados, los testigos la mayoría de las veces mienten y los honestos yerran con frecuencia; como las partes cuando llegan ante el juez siguen pensando que tienen la razón, estos hechos hacen que los jueces y jurados sean falibles al tomar una determinación que deje satisfechos a quienes participaron.

El Estado moderno necesariamente ha tenido que adecuarse y sufrir transformaciones a través de la historia y esta evolución se refleja principalmente en el poder, este elemento es el que más transformaciones ha presentado; y esto se debe principalmente a que son las propias reglas impuestas por la sociedad las que han pretendido limitar y encausar su

___

[27] Hernández Gil, Antonio, *La ciencia jurídica tradicional y su transformación,* España, Civitas, 1981, pp. 60, 61.

[28] Frank, Jerome, *Derecho e incertidumbre*, México, Fontamara, 1991, pp. 26, 27.

acción, donde las organizaciones civiles están buscando que realmente nos pueda ser de utilidad, y lograr encontrar una respuesta adecuada a la problemática social.

En este sentido, para Aristóteles,[29] a "cada individuo le sobreviene tanta felicidad como sea su virtud, su inteligencia y su forma de obrar [...] el valor de una ciudad, su justicia y su temple equivalen y son semejantes a las virtudes por cuya posición se llama a los individuos valientes, justos, sabios y prudentes". Las *polis* griegas en su organización interna siempre buscaron llegar a ese mundo ideal, donde la felicidad sea el común denominador de una sociedad que aspira a una mejor calidad de vida y que sus actividades vayan encaminadas a ese fin, que sean deseables y sensatas.

En Latinoamérica, pero sobre todo en México hay cierta resistencia a estos cambios, pues todavía se sigue pensando que el Estado es quien se debe encargar de resolver todos los problemas que son generados por la ciudadanía. Hace falta que permee un proceso cultural para que podamos de manera directa ejercer todos nuestros derechos, pero también cumplir con nuestras obligaciones y poder encaminarnos a uno de los fines del Estado que es el bien común.

¿Cuál es la problemática que enfrentamos en la realidad del discurso? ¿Contamos con una legislación acorde que responda a las necesidades de la sociedad siempre cambiante? Podríamos decir que sí, pero ¿por qué no se ve reflejado en el comportamiento de la sociedad? Las cifras que se manejan en organismos tanto internacionales como nacionales son alarmantes por el índice de crecimiento de las violaciones constantes en esta materia.

La vinculación del ser humano con el Estado se basa en la búsqueda del bien común (*bonum commune*) "razón de Estado". La convivencia humana es parte de la razón de ser del Estado, que debe buscar los mejores elementos para que esta se lleve a cabo, y aquí la aportación jurídica como ciencia práctica consiste en generar un diálogo interdisciplinario, en el que el interés privado va de la mano con el interés público.[30]

---

[29] Aristóteles, *Política,* 1ª reimpresión, España, Alianza, 2017, libro VII, I, pp. 310, 311.

[30] Haberle, Peter, *El Estado constitucional,* Argentina, Astrea, 2007, pp. 377-379.

La búsqueda de una actividad procesal donde el eje central sean los derechos humanos

Los seres humanos son entes que buscan maximizar sus satisfacciones y para lograrlo encontrará siempre decisiones eficaces. La libertad resulta un principio eficaz de organización de intercambios y por lo tanto el Estado queda fuera de utilizar su poder coercitivo. El argumento de la eficacia de la libertad es el resultado de las satisfacciones de los hombres ya maximizadas, demostrar la eficacia de la libertad consiste en demostrar que un mundo con libertad es el mejor de los mundos posibles.[31]

Pero también la igualdad juega un factor esencial en la búsqueda de la no violación de los derechos humanos desde esta perspectiva. Las negociaciones de cooperación y colaboración de quienes participan en un conflicto son las que más se aproximan a las condiciones ideales de negociación deliberativa, pues genera las condiciones de mutua justificación con base en la reciprocidad, el respeto mutuo, la libertad y la igualdad, buscando su reconocimiento como asociado y como persona, pues sus intereses son comunes.[32]

De esta manera y partiendo de lo que escribe Weber, el derecho es un sistema que se compone de dos subsistemas, uno de ordenación e integración del ordenamiento jurídico y otro donde los operadores jurídicos, con base en el primero, tendrán que resolver los conflictos que se generen con la actividad procesal, pero si alguno de los dos llega a fallar el derecho no funcionará.

Para que cumpla su propósito de manera adecuada, el derecho en un sistema jurídico debe respetar los dos principios más importantes para el ser humano, que son la libertad y la igualdad, y el ordenamiento jurídico debe responder a las expectativas de la sociedad. Esto al menos en México y Latinoamérica no ha sido posible, pues se vive en un Estado de derecho fracturado donde hay una disfunción social, aunado a la globalización, al control de convencionalidad y la pérdida de valores.

---

[31] Gatty, Jean, *Principios de una nueva teoría del Estado*, Buenos Aires, Eudeba, 2005, pp. 39, 40.

[32] Isaza Gutiérrez, Juan Pablo, "La deliberación, la negociación, la mediación y la argumentación", en Isaza, Juan Pablo (compilador), *Temas de teoría del derecho*, Colombia, Tirant lo Blanch Universidad del Norte, 2019, p. 137.

Ante un problema mayor como este, los operadores jurídicos no saben qué hacer.

Para Kant,[33] la libertad y la igualdad son derechos innatos, porque nacen de la independencia del árbitro compulsivo de otra persona; igualdad y libertad nacen con el individuo, la igualdad innata es el derecho a no ser vinculado por otros o lo que no puede también vincularlo recíprocamente; por lo tanto, es una cualidad de la persona de ser dueño de sí mismo.

Si queremos que los derechos humanos funcionen, necesitamos empezar por trabajar en la aplicación del lado humano del ser humano, iniciando con el reconocimiento recíproco del ser humano, partiendo de su dignidad y del respeto, pues, como lo dice Luhmann, el comportamiento del ser humano se va a dar con la satisfacción de sus necesidades, no sólo las económicas, sino también las emocionales.

La dignidad y el honor deben partir de nuestra conducta y deben identificarse con los sentimientos de la persona, partiendo de las virtudes tiernas, gentiles y afables que nacen de la condescendencia y el humanitarismo; las segundas brotan de las virtudes solemnes y respetables, como la abnegación y la continencia; y ambas se mezclan y se relacionan con los sentimientos, que debemos observar para evitar perturbar su implementación.[34]

Si partimos de los elementos sentimentales, es importante analizar su grado de intensidad y esto consistiría primero en atender las cuestiones emocionales, pues es un riesgo que debemos considerar si aparece en el proceso del conflicto. También se requiere cierta habilidad y empatía de quien esté al frente de la mediación, pues lo importante para poder avanzar en estos procesos es el ser humano, si el comportamiento del mediador es de apoyo se tendrá más actividad positiva.[35]

El reconocimiento de la persona en su esfera individual es de suma importancia en los derechos humanos, pues si la interactuación entre las partes desde el primer momento se basa en el reconocimiento de unos con otros, encontraremos una gran disposición de ambos para hacer de

---

[33] Kant, Immanuel, *Introducción a la teoría del derecho*, España, Marcial Pons, 2005, p. 55.

[34] Smith, Adam, *La teoría de los sentimientos morales*, Madrid, Alianza, 2017, pp. 73, 74.

[35] Redorta, Josep, *Gestión de conflictos*, Barcelona, UOC, 2017, p. 66.

la convivencia un entorno más agradable que genere la armonía necesaria para poder entender que los intereses de ambos son comunes.

Gran parte de la problemática que se ha generado en la justicia tradicional se ve reflejada desde el momento en que se estableció que todo acto de autoridad debe estar fundado y motivado en la ley, y al ser humano se le hizo a un lado en el proceso. Esto es muy normal cuando se quiere que quienes participen en un proceso se la pasen peleando, pues se salen del ámbito jurídico, que es por el que llegaron, y se van al lado emocional. De esta manera, el conflicto lleva a agotar todas las instancias del procedimiento y al final hay un ganador y un perdedor. Entonces me pregunto: ¿dónde está el concepto de justicia?

Necesidades recíprocas

La única forma de lograr la supervivencia del ser humano es entendiendo que para poder llegar a ello tenemos que buscar los satisfactores necesarios y esto nos lleva a generar acciones de convivencia que parten de un interés particular a un interés general, pues la principal forma de hacerlo es de manera organizada, pensando siempre al ser humano como parte integrante de un grupo social y considerando el beneficio generado.

Esta relación social se lleva a cabo por el *yo* reflexivo que vuelve sobre sí mismo al ponerse en relación con el contexto social, que se vuelve asimétrico en la identidad personal con la social. Estos procesos mentales son los que nos ubican en la realidad al reflexionar y analizar lo que debemos hacer para perseguir nuestros propios intereses y el impacto que pueden tener en el entorno social.[36]

La reciprocidad marca un sentido de responsabilidad atribuida a cada uno de los que interactúa, y, junto con el respeto, permite hacer más digna la asistencia, pues alimenta la estima del individuo y la estima social. Asimismo, genera la posibilidad de retribuir a los demás en una relación de intercambio, en la medida en que sustituye el sentimiento o la bondad por una relación impersonal de intercambio.

---

[36] Donati, Pierpaolo, *Sociología relacional de lo humano*, España, Ediciones Universidad de Navarra, 2019, p. 140.

Al reconocer la reciprocidad, la persona es beneficiaria de derechos, pues cumple con sus obligaciones, y es que un ser humano siempre depende de otro.[37]

La posibilidad de que funcione la reciprocidad nace como un elemento que parte de las acciones que realizan las personas en sus actividades, en espera de que también los demás entren en la misma dinámica al generar una percepción de la utilidad del comportamiento humano en una elección racional, lo que produce un incentivo externo para que los individuos contribuyan participando y cooperando para su fortalecimiento.

El comportamiento humano encuentra en la participación ciudadana una relación asociativa de confianza en procesos de lealtad mutua con los ciudadanos, así como sentimientos de identidad que fijan las reglas de un escenario público donde el Estado participa en un mínimo posible para asegurar la máxima libertad en la toma de decisiones, promoviendo el sentimiento cívico necesario que nace del crecimiento de la responsabilidad mutua.[38]

La práctica social que surge de la realidad cultural es algo que acompaña al ser humano; en ese sentido los usos y costumbres juegan también una importante relación en el comportamiento de la sociedad, pues de la mano con el proceso cultural en el que estamos inmersos, hacen que los seres humanos en su perspectiva relacional actúen de diferente manera, pero siempre pensando en los beneficios que puede obtener.

La solidaridad

Este elemento va de la mano con la tercera evolución de los derechos humanos cuando vemos que, en un mundo globalizado, los problemas ya no son internos o internacionales, ahora son globales; por ejemplo, los efectos derivados de la contaminación o del calentamiento global perjudican a todos por igual y la única forma de enfrentarlos es creando

---

[37] Turégano, Isabel, "Crisis en el Estado de bienestar y pérdida de confianza política", en Betegón, Jerónimo y De Páramo, Juan Ramón (coordinadores), *Derecho, confianza y democracia*, España, Bomarzo, 2013, p. 67.

[38] De Páramo, Juan Ramón (coordinadores), *Derecho, confianza y democracia*, España, Bomarzo, 2013, pp. 40, 41.

conciencia de lo que puede suceder si no atendemos con acciones reales este tipo de situaciones.

La característica principal de la solidaridad es que es social, pero sobre todo se destina a los intereses difusos, y así encontramos:

1. Los grupos intermedios entre individuos y el Estado.
2. El todo de la sociedad política.
3. El Estado.
4. El género humano, en su máxima expresión, como valor supremo con base en su existencia.[39]

La solidaridad en México representa un elemento subjetivo de mucho valor y así lo vemos, por ejemplo, en las catástrofes naturales, por la manera como la sociedad se vuelca en apoyo a los damnificados y ayuda a los que más lo necesitan, demostrando que no hay mejor forma de revertir los daños causados que una sociedad que hace propia una necesidad generada por la naturaleza.

Por tanto, equivale a la vinculación moral del ser humano con su grupo, y en ella va implícita la viabilidad y la aplicación de ciertas reglas, donde el individuo en el orden moral va generando conciencia colectiva, elementos que constituyen de esta forma un sistema estructural de funciones sociales que activan un mayor potencial de conductas en el ámbito global.[40]

Para que los derechos humanos puedan reflejarse en el ámbito social es importante que se vinculen, desde el punto de vista práctico, en actividades que convergen necesariamente en una sociedad que busca la solución de sus problemas, y donde sus satisfactores generen la mayor felicidad para el desarrollo de su existencia. Los satisfactores pueden ser muchos y muy variados, pero me referiré principalmente a dos tipos, los materiales y los inmateriales, que en suma van a generar las condiciones necesarias para lograr una vida en común con los otros seres semejantes.

[39] Dip, Ricardo, *Los derechos humanos y el derecho natural*, España, Marcial Pons, 2009, p. 104.

[40] Lucas de, Javier, *El concepto de solidaridad*, México, Fontamara, 1993, pp. 73, 74.

Para algunos doctrinarios, la solidaridad es un valor relacional que nace como una virtud privada vinculada con la generosidad, la misericordia, el amor, la amistad, y la hermandad o fraternidad;[41] pero la verdadera solidaridad consiste en que la necesidad de algunos sea apoyada por acciones que no tienen un mayor interés que el de aportar elementos que coadyuven a resolver de manera mediata la problemática que en ese momento se tiene, buscando un paliativo a sus necesidades.

En una sociedad disfuncional como la nuestra, es de suma importancia regresar al humanismo y en este sentido debemos realizar acciones solidarias para empezar a aplicar el lado humano del ser humano; las universidades pueden ser el campo fértil donde los planes y programas de estudio le den vigencia al rompimiento paradigmático del derecho en el que estamos inmersos.

Intereses comunes

El ser humano para que pueda subsistir necesariamente debe de hacerlo de manera organizada, buscando siempre una serie de satisfactores que son necesarios para el desarrollo de su existencia; estos son muchos y muy variados, pero me referiré a dos tipos principalmente, a los materiales y a los inmateriales, que en suma van a generar las condiciones necesarias para lograr una vida en común con los otros seres semejantes.

El Estado se ha ido adecuando a la realidad histórica, pues es la única forma de responder a las necesidades propias de su evolución. Por su propia naturaleza tiene la necesidad de organizarse, la complejidad de esta institución varía de acuerdo con las acciones humanas, pues son la fuente de efectos no previstos. Aunque para algunos doctrinarios su nacimiento se da de manera inconsciente, basados en el derecho natural, la mayoría de las instituciones tienen su origen en actos conscientes.[42]

Desde esta perspectiva, las negociaciones de cooperación y colaboración de quienes participan en un conflicto son las que más se aproximan a las condiciones ideales de negociación deliberativa, pues genera

[41] Peces-Barba, Gregorio *et al.*, "Legitimidad del poder y justicia del derecho", en *Curso de teoría del Derecho*, España, Marcial Pons, p. 342.

[42] Jellinek, Georg, *Teoría del Estado*, traducción de Fernando de los Ríos, México, Fondo de Cultura Económica, 2004, pp. 90, 91.

las condiciones de mutua justificación con base en la reciprocidad, el respeto mutuo, la libertad y la igualdad, buscando su reconocimiento como asociado y como persona.

La perspectiva relacional de la naturaleza humana es reflexiva en sí misma, es un componente principal de los seres vivos que permite su creatividad y en la realidad natural lleva consigo una especie de cualidad ética, que desde el punto de vista cultural interactúa en una realidad y con la práctica se genera una interacción cognitiva, que hace que se reconozcan con base en la dignidad de los ciudadanos.[43]

El avance de la ciencia debe de ir de la mano con el avance de los valores, aunque uno de los problemas principales que podemos ver con la modernidad es que está pasando exactamente lo contario, ya que a las personas no les interesa la degradación moral con tal de obtener un beneficio, aun cuando no sea bien visto por los demás. Esto ha generado una sociedad mucho más materialista donde no importan en lo más mínimo las personas.

Hay que generar un nuevo paradigma del reconocimiento recíproco de quienes se saben y se identifican como interlocutores válidos, como seres dignos de reconocer el respeto como un elemento de importancia. Consiste entonces en compartir unos mínimos de justicia, que se pueden ir ampliando progresivamente, y en respetar activamente los máximos de felicidad a los que cada persona tiene derecho, donde las exigencias de justicia deben de ser compartidas por todos.[44]

La educación en los derechos humanos

El rompimiento paradigmático del derecho que surge en México a partir de la reforma constitucional de 2011, donde se establece la aplicación del principio propersona, ha afectado los planes y programas de estudio en todos los ámbitos de la educación. Desde la primaria hasta el nivel profesional se debe trabajar en impulsar los valores y el respeto a los derechos humanos, haciendo de ellos la columna vertebral del plan

[43] Donati, Pierpaolo, *Sociología relacional de lo humano*, España, Ediciones Universidad de Navarra, 2019, pp. 63, 64.

[44] Cortina, Adela, *Justicia cordial*, España, Trotta, 2010, pp. 30, 31.

174

nacional de educación, estableciendo acciones que nacen con un proceso cultural que se adecue a las necesidades de las nuevas generaciones.

Para Häberle,[45] tenemos que trabajar en una sistemática, en la que los derechos humanos internacionales estén por encima de los derechos humanos nacionales, lo cual puede llevarse a cabo en la medida de las garantías internacionales a través de la interpretación. Esta cadena del razonamiento va del estatus *naturalis* al estatus *civilis* y de ahí al estatus *culturalis*, aplicando la Declaración Universal de los Derechos Humanos que dispone que "Todos los seres humanos nacen libres e iguales en dignidad y derechos".

Esta nueva forma de entender los derechos humanos nos lleva a buscar las mejores acciones educativas para rescatar de esta sociedad disfuncional elementos basados en los valores, en el reconocimiento de la dignidad, en los derechos de igualdad, en la instauración de la paz en el mundo y en cada uno de los países, buscando un sistema racional de las determinaciones basadas en la voluntad, donde el proceso cultural pueda permear en los programas educativos y de manera directa en las personas.

La educación humanista parte de que todos tenemos algo en común y por lo tanto podemos trasmitirlos unos a otros y esto fomenta e ilustra el uso de la razón. El ser humano tiene la capacidad de observar, abstraer, deducir, argumentar y llegar a conclusiones de manera lógica, esto hace que se termine por respetar y confiar en sí mismo, y que piense acerca de la condición humana, de la situación conflictiva del hombre y de la vida social en la que vive, donde el respeto por las capacidades y la humanidad del hombre es un proceso que nunca termina.[46]

[45] Häberle, Peter, *El Estado constitucional*, Argentina, Astrea, 2007, pp. 305-307.
[46] Savater, Fernando, *El valor de educar*, España, Ariel, 2006, pp. 134, 135.

BIBLIOGRAFÍA

AGUILÓ REGLA, Josep, *El arte de la mediación*, España, Trotta, 2015

AGUILAR CAVALLO, Gonzalo, "¿Son los derechos sociales sólo aspiraciones?", en *Perspectivas de la Comisión Interamericana de los Derechos Humanos. Construcción y papel de los derechos sociales fundamentales*, Von Bogdandy, Armin (coordinador) *et al.*, México,Universidad Nacional Autónoma de México, 2011.

ALARCÓN CABRERA, Carlos, *Constitución y derechos fundamentales*, De Páramo Argüelles, Juan Ramón y Betegón, Jerónimo (coordinadores), España, Ministerio de la Presidencia, Secretaría General Técnica, 2004.

ALEXY, Roberto, *Derecho y razón práctica*, 4ª reimpresión, México, Fontamara, 2010.

ALEXY, Roberto, *Teoría de los derechos fundamentales*, 2ª edición, España, Centro de Estudios Políticos y Constitucionales, 2007.

ÁLVAREZ CAPEROCHIPI, José, *Introducción al derecho*, España, Comares.

ARISTÓTELES, *La política*, España, Gredos, 1999.

ARISTÓTELES, *Política*, 1ª reimpresión, España, Alianza, 2017.

BARBERIS, Mauro, *Ética para juristas*, España, Trotta, 2006.

BAUMAN, Zygmunt, *Amor líquido*, México, Fondo de Cultura Económica, 2017.

BAUMAN, Zygmunt y Bordoni, Carlo, *Estado de crisis*, 2ª edición, Colombia, Paidós, 2016.

BECKER, Werner, "Los significados opuestos del concepto del consenso", en Garzón Valdez, Ernesto (compilador), *Derecho y filosofía*, 4ª reimpresión, México, Fontamara, 2008.

BENTHAM, Jeremías, *De los límites de la rama penal de la jurisprudencia*, México, UNAM/Ediciones Coyoacán, 2016.

BETEGÓN, Jerónimo y de Páramo, Juan Ramón, *Derecho y moral*, España, Ariel, 1990.

BISHOP, Sue, *Desarrolle su asertividad*, 3ª edición, España, Nuevos Emprendedores, 2008.

Bix H., Brian, *Diccionario de Teoría Jurídica*, México, Instituto de Investigaciones Jurídicas/UNAM, 2009.

Bloch, Ernst, *Derecho natural y dignidad humana*, traducción de Felipe González Vicén, Madrid, Dykinson, 2011.

Bobbio, Norberto, *Liberalismo y democracia*, 14ª reimpresión, México, Fondo de Cultura Económica, 2012.

Bobbio, Norberto, *El futuro de la democracia*, 4ª reimpresión, México, Fondo de Cultura Económica, 2007.

Bobbio, Norberto, *El problema de la guerra y las vías de la paz*, 1ª reimpresión, España, Gedisa, 2000.

Bobbio, Norberto, *La teoría de las formas de gobierno en la historia del pensamiento político*, 5ª reimpresión, México, Fondo de Cultura Económica, 1996.

Bobbio, Norberto, *Teoría general de la política,* 3ª edición, España, Trotta, 2009.

Bolinches, Antoni, *El secreto de la autoestima*, Barcelona, Agencia Literaria Baladona, 2019.

Boqué Torremorell, M. Carme, *Tiempo de mediación*, Barcelona, España, CEAC, 2005.

Bremer, Juan José, *De Westfalia a Post-Westfalia*, México, Instituto de Investigaciones Jurídicas/UNAM, 2013.

Bunge, Mario, *Ética y ciencia*, 3ª edición, Argentina, Siglo XXI Editores, 1982.

Burgoa Orihuela, Ignacio, *El juicio de amparo*, 41ª edición, México, Porrúa, 2009.

Cabrera Dircio, Julio, *Estado y justicia alternativa, reforma al artículo 17 constitucional*, México, Ediciones Coyoacán, 2012.

Canto Chac, Manuel, *En democracia y gobernabilidad. Agenda para el desarrollo*, vol. 15, H. Cámara de Diputados XL Legislatura, México, Miguel Ángel Porrúa/UNAM, 2007.

Carbonell, Miguel y Grandes Castro Pedro P. (coordinadores), *El principio de proporcionalidad en el derecho contemporáneo*; artículo de Bernal Pulido, Carlos; Lima, Perú, Palestra Ediciones, 2010.

Carpintero Benítez, Francisco, *La ley natural, una realidad aún por explicar*, México, Instituto de Investigaciones Jurídicas/UNAM, 2013.

Carpizo, Jorge, *Derechos humanos y ombudsman*, 2ª edición, México, Porrúa/UNAM/Instituto de Investigaciones Jurídicas, 1998.

Carrè de Malberg, Raymond, *Teoría General del Estado*, traducción José Lión Depetre, 2ª reimpresión, México, Fondo de Cultura Económica, Facultad de Derecho/UNAM, 2001.

Cerroni, Umberto, *Reglas y valores de la democracia*, en español, México, Consejo Nacional para la Cultura y las Artes/Alianza, 1991.

Cortina, Adela, *¿Para qué sirve realmente…? La ética*, España, Paidós, 2018

_____, *Aporofobia, el rechazo al pobre*, 2ª edición, Colombia, Paidós, 2018.

Guerra, Alfonso, La calidad de la democracia; Madrid, España, Sistema, 2009.

Cortina, Adela, *Justicia cordial*, España, Trotta, 2010.

Dalla Vía, Alberto Ricardo, *Teoría política y constitucional*, México, Instituto de Investigaciones Jurídicas/UNAM, 2006.

_____, en Jerónimo Betegón, Juan Ramón de Páramo (coordinadores), *Derecho, confianza y democracia*, España, Bomarzo, 2013.

Del Palacio Díaz, Alejandro, *Para comprender el derecho*, México, Universidad Autónoma Metropolitana, Editorial Pac, 1995.

Di Stefano, Loredana, *Mediación conectada con los tribunales: Estructuración y principios que regulan su funcionamiento*, en *Mediación y resolución de conflictos: Técnicas y ámbitos*, Madrid, España, Tecnos, 2011.

Dip, Ricardo, *Los derechos humanos y el derecho natural*, España, Marcial Pons, 2009.

Donati, Pierpaolo, *Sociología relacional de lo humano*, España, Ediciones Universidad de Navarra, 2019.

Downs, Anthony, *Teoría económica de la democracia*, España, Aguilar, 1971.

Dworkin, Ronald, *La democracia posible*, España, Paidós Ibérica, 2008.

_____, *Virtud soberana*, Barcelona, España, Paidós Ibérica, 2003.

Esteban Soto, Yolanda, "La comunicación: Su utilidad y poder en el proceso de mediación", en Soleto, Helena (coordinadora), *Mediación y solución de conflictos: habilidades para una necesidad emergente*, Madrid, España, Tecnos, 2007.

Fernández Nieto, Josefa, *Principio de proporcionalidad y derechos fundamentales: una perspectiva desde el derecho público común europeo*, Madrid, España, Dykinson, 2009.

FERNÁNDEZ, Eusebio, "Concepto de derechos humanos y problemas actuales", en *Derechos y Libertades. Revista del Instituto Bartolomé de las Casas*, España, año 1, núm. 1, 1993.

FERNÁNDEZ, Eusebio, *La obediencia al Derecho*, España, Civitas, 1998.

FERRAJOLI, Luigi, *Los fundamentos de los derechos fundamentales*, España, Trotta, 2009.

___, *Garantismo*, España, Trotta, 2009.

FIORAVANTI, Maurizio, *Los derechos fundamentales*, España, Trotta, 2009.

FRANK, Jerome, *Derecho e incertidumbre*, México, Fontamara, 1991.

FREIRE, Paulo, *La importancia de leer y el proceso de liberación*, 16ª edición, México, Siglo XXI Editores, 2004.

FRIED, Charles. *La libertad moderna y los límites del gobierno*, Madrid, España, Katz Editores, 2009.

GARCÍA ENTERRÍA, Eduardo, *Los diez mejores jueces de la historia americana*, España, Civitas, 1980.

GARCÍA MÁYNEZ, Eduardo, *Introducción al estudio del derecho*, 51ª reimpresión, México, Porrúa, 2000.

GATTY, Jean, *Principios de una nueva teoría del Estado*, Buenos Aires, Eudeba, 2005.

GOMÁ LANZÓN, Javier, *Dignidad*, Barcelona, Galaxia Gutenberg, 2019.

GÓMEZ-GALÁN, Manuel; Sainz Ollero, Manuel; Albarrán Calvo, Miguel; Nieblas Rosado, María Isabel, *Derechos humanos y empresas, avances desde España*, España, Fundación CIDEAL, 2015.

GONZÁLEZ VICÉN, Felipe E., *Estudios de Filosofía del Derecho*, España, Facultad de Derecho de la Universidad de la Laguna, 1979.

GRIMM, Dieter, *Constitucionalismo y derechos fundamentales*, España, Trotta, 2006.

GUEVARA NIEBLA, Gilberto, "Teorías sobre la organización política", en *Democracia y educación cívica*, México, Instituto Electoral del Distrito Federal, Colección Sinergia, 2007.

HABERLE, Peter, *El Estado constitucional*, Argentina, Astrea, 2007.

HABERMAS, Jürgen, *Facticidad y validez*, España, Trotta, 1998.

___, *Mas allá del Estado nacional*, 2ª reimpresión, México, Fondo de Cultura Económica, 2000.

HART, Hebert L.A., *El concepto de derecho*, Traducción de Genaro R. Carrió, Buenos Aires, Argentina, Abeledo Perrot, 1998.

___, *El concepto del derecho*, Argentina, Abeledo-Perrot, 1961.

HAYEK, Friedrich A., *Clases de orden en la sociedad*, Argentina, Libertas 36, Eseade, 2002.

HEGEL, G.W.F., *Fundamentos de la filosofía del derecho*, España, Libertarias/Prodhufi, 1993.

HELLER, Hermann, *Teoría del Estado*, México, Fondo de Cultura Económica, 2017.

HERNÁNDEZ GIL, Antonio, *La ciencia jurídica tradicional y su transformación*, España, Civitas, 1981.

HERVADA, Javier, *Temas de Filosofía del Derecho*, España, Ediciones Universidad de Navarra, 2012.

HOBBES, Thomas, *El Leviatán*, México, Fondo de Cultura Económica, 2006.

___, *Elementos de derecho natural y político*, traducción Dalmacio Negro Pavón, Madrid, España, Alianza, 2005.

HULSMAN, Louk, *Sistema penal y seguridad ciudadana: hacia una alternativa*, España, Ariel, 1984.

HUME, David, *Investigación sobre el conocimiento humano*, Madrid, Alianza, 2017.

ISAZA GUTIÉRREZ, Juan Pablo, "La deliberación, la negociación, la mediación y la argumentación", en Isaza, Juan Pablo (compilador), *Temas de teoría del derecho*, Colombia, Tirant lo Blanch Universidad del Norte, 2019.

ISENSEE, Jose, *Libertad ciudadana y virtud ciudadana*, en Abreu Sacramento, José Pablo y Le Clerk, Juan Antonio (coordinadores), *La reforma humanista*, México, Miguel Ángel Porrúa/Senado de la República, 2011.

JELLINEK, Georg, *La declaración de los derechos del hombre y el ciudadano*, México, UNAM/Instituto de Investigaciones Jurídicas, 2003.

___, *Teoría general del Estado*, México, Fondo de Cultura Económica, 2004.

KANT, Immanuel, *Cimentación para la metafísica de las costumbres*, México, Aguilar, 1973.

___, *Introducción a la teoría del derecho*, España, Marcial Pons, 2005.

KELSEN, Hans, *Teoría general del Estado*, 2ª reimpresión, México, Ediciones Coyoacán, 2008.

Kriele, Martin, "Derechos humanos y división de poderes", en Abreu Sacramento, José Pablo y Le Clerk, Juan Antonio (coordinadores), *La reforma humanista*, México, Miguel Ángel Porrúa/Senado de la República, 2011.

Laporta, Francisco, *El principio de igualdad*, Madrid, Sistema 67, 1985.

Locke, John, *Carta sobre la tolerancia*, traducción de Pedro Bravo Gala, Madrid, Tecnos, 1985.

___, *Segundo Tratado del Gobierno Civil*, España, Alianza, 2019.

López Guerra, Luis, *Introducción al derecho constitucional*, España, Tirant lo Blanch, 1994.

Lozano, Josefina, *Educar en la diversidad*, Barcelona, Davinci, 2007.

Lucas de, Javier, *El concepto de solidaridad*, México, Fontamara, 1993.

Luhmann, Niklas, *Los derechos fundamentales como institución*, México, Universidad Iberoamericana, 2010.

___, *Teoría de los sistemas sociales*, Universidad Iberoamericana, México, 1998.

Marshall, T.H., *Ciudadanía y clase social*, España, Alianza, 1998.

Mejías Gómez, Juan Francisco. *La mediación como forma de tutela judicial efectiva*, Madrid, España, El Derecho y Quantor, 2009.

Montesquieu, *Del espíritu de las leyes*, México, Porrúa, Colección Sepan Cuantos, núm. 191, 2001.

Morales Fernández, Gracias, *Los sistemas alternativos de resolución de conflictos: la mediación, sistemas complementarios al proceso. Nuevo enfoque constitucional del derecho a la tutela judicial efectiva*, España, Hispalex, 2014.

Nietzsche, Friedrich, citado por Frey, Herbert, Nietzsche, *Eros y occidente*, 1ª reimpresión, México, Porrúa/UNAM, 2005.

Nils, Christie, "Los conflictos como pertenencia", en Nava Garces, Alberto *De los delitos y las víctimas*, Argentina, Ad-Hoc, 1992.

Nino, Carlos, *Una teoría de la justicia para la democracia*, Argentina, Siglo XXI Editores, 2013.

Nogueira Alcalá, Humberto, *La interpretación constitucional de los derechos humanos*, Perú, Ediciones Legales, 2009.

Olivé, León, *Razón y sociedad*, 2ª edición, México, Fontamara, 1999.

Ollero Andrés, *Derechos humanos, entre la moral y el derecho*, México, Instituto de Investigaciones Jurídicas/UNAM, 2007.

Ortega Pérez, Carlos A., *Toma de decisiones y resolución creativa de conflictos*, España, Formación Alcalá, 2006.

Ortiz Ramírez, Serafín, *Derecho constitucional mexicano. Sus antecedentes históricos, las garantías individuales y el juicio de amparo*, México, Cultura, 1999.

Patrici, Nicolás, "La intolerante tolerancia", en Franzé, Javier y Abellán, Joaquín (editores), *Política y verdad*, España, Plaza y Valdés, 2011.

Peces-Barba, Gregorio; Fernández García, Gregorio; De Asís Roig, Eusebio, *Legitimidad del poder y justicia del derecho*, en *Curso de teoría del Derecho*, España, Marcial Pons, 2000.

___, "Concepto de derechos humanos y problemas actuales", en *Derechos y Libertades*. Revista del Instituto Bartolomé de las Casas, España, año 1, núm. 1, 1993.

Pele, Antonio, *La dignidad humana*, España, Universidad Carlos III, Dykinson, 2010.

Pérez Luño, Antonio Enrique, *Los derechos fundamentales*, España, Tecnos, 1995.

___, *Teoría del Derecho*, 16ª edición, España, Tecnos, 2017.

Pérez Triviño, José Luis, *De la dignidad humana y otras cuestiones jurídico-morales*, México, Fontamara, 2007.

Piovesan, Flavía, "Protección de derechos sociales: retos en un *ius commune*", en Armin von Bogdandy *et al.* (coordinador), *Construcción y papel de los derechos fundamentales y sociales*, México, Instituto de Investigaciones Jurídicas/UNAM, 2011.

Platón, *Diálogos. La República o de lo justo*, 27ª edición, México, Porrúa, Colección Sepan Cuantos, núm. 13b, 2001.

Prieto Sanchís, Luis, *Apuntes de teoría del Derecho*, España, Trotta, 2015.

Queralt Lange, Jahel, *Igualdad, suerte y justicia*, España, Marcial Pons, 2014.

Rawls, John, *Liberalismo político*, 4ª reimpresión, Fondo de Cultura Económica, México, 2003.

Rawls, John, *Teoría de la justicia*, México, Fondo de Cultura Económica, 2003.

Raz, Josep, citado por Nino, Carlos Santiago, *Una teoría de la justicia para la democracia*, Argentina, Siglo XXI Editores, 2013.

Redorta, Josep, *Gestión de conflictos*, Barcelona, UOC, 2017.

Rodríguez y Rodríguez, Jesús, "Derechos humanos", en *Diccionario Jurídico Mexicano*, México, Porrúa/UNAM, 2007.

Ross, Alf, *El concepto de validez y otros ensayos*, 4ª reimpresión, México, Fontamara, 2006.

Rossetti, Andrés, ¿Mínimos o proporciones? Reflexiones sobre el cumplimiento y respeto de los derechos (sociales), en Ribotta, Silvina y Rossetti, Andrés, editores, *Los derechos sociales y su exigibilidad*, España, Dykinson-Universidad Carlos Tercero de Madrid, 2015.

Rousseau, Jean-Jacques, *El contrato social*, México, Espasa-Calpe Mexicana, 2000.

Rubio Carracedo, José, *Paradigmas de la política*, España, Anthropos, 1990.

Ruiz Miguel, Alfonso, *Democracia y relativismo*, México, Fontamara, 2011.

Saiz Sánchez, Carlos, *Pensamiento crítico y cambio*, España, Pirámide, 2017.

Salazar Ugarte, Pedro, *La democracia constitucional, una radiografía teórica*, México, Fondo de Cultura Económica, Instituto de Investigaciones Jurídicas/unam, 2006.

Sánchez Sandoval, Augusto, *Sistemas ideológicos y control social*, 2ª reimpresión, México, Instituto de Investigaciones Jurídicas/unam, 2008.

Sandel, Michael J., *Justicia, ¿hacemos lo que debemos?*, España, Liberdúplex, 2011.

Santiago Juárez, Mario, *Igualdad y acciones afirmativas*, México, Instituto de Investigaciones Jurídicas/unam, 2007.

Santiago Nino, Carlos, *Introducción al análisis del Derecho*, España, Ariel, 2013.

Sartori, Giovanni, *¿Que es la democracia?*, España, Taurus, 2007.

___, *Teoría de la Democracia 2. Los problemas Clásicos*, 2ª reimpresión, México, Alianza, 1991.

Savater, Fernando, *El valor de educar*, España, Ariel, 2006.

Schmill, Ulises, *Origen de la normatividad, democracia y revoluciones*, México, Fontamara, 2009.

Schuler, Eric, *Asertividad*, España, Gaia Ediciones, 1998.

Sen, Amartya, *Desarrollo y libertad*, Argentina, Planeta, 2000.

___, *La idea de la justicia*, México, Taurus, 2010.

___, *Sobre ética y economía*, España, Alianza, 2003.

Serra Rojas, Andrés, *Teoría del Estado*, 12ª edición, México, Porrúa, 1993.

Smith, Adam, *La teoría de los sentimientos morales*, Madrid, Alianza, 2017.

Stuart Mill, John, citado por Bobbio, Norberto, *Liberalismo y democracia*, 14ª reimpresión, México, Fondo de Cultura Económica, 2012.

Tena Ramírez, Felipe, *Derecho Constitucional Mexicano*, 16ª edición, México, Porrúa, 1978.

Touraine, Alain, *¿Podremos vivir juntos?* Traducción de Horacio Pons, 4ª reimpresión, México, Fondo de Cultura Económica, 1999.

Turégano, Isabel, "Crisis del Estado de bienestar y pérdida de confianza política", en Betegón, Jerónimo y De Páramo, Juan Ramón (coordinadores), *Derecho, confianza y democracia*, España, Bomarzo, 2013.

Valadés, Diego, *El control del poder*, Argentina, UNAM/EDIAR, 2005.

Von Verdross, citado por Bobbio, Norberto, *Teoría general del derecho*, España, Debate, 1991.

Weber, Max, *Conceptos sociológicos fundamentales*, 1ª reimpresión, España, Alianza, 2010.

___, *Economía y sociedad. Esbozo de sociología comprensiva*, Título original: Wirtschaft und Gesellschaft. Grundriss der Verstehender Soziologie, traducción de José Medina Echavarría, Juan Roura Farella, Eugenio Ímaz, Eduardo García Máynez y José Ferrater Mora, 2ª reimpresión, España, en Fondo de Cultura Económica-España, 2002.

Yurén, Teresa, *Ciudadanía y educación*, México, Juan Pablos/UAEM, 2013.

Ziccardi, Alicia, *En democracia y gobernabilidad, Agenda para el desarrollo*, vol. 15, México, H. Cámara de Diputados, XL Legislatura, Miguel Ángel Porrúa/UNAM, 2007.

Páginas Electrónicas

C:/Users/JULIO%20CABRERA%20DIRCIO/Downloads/villoria.pdf 14/07/17

Comisión Nacional de los Derechos Humanos en México, ¿Cuáles son los derechos humanos? (3/05/2016) http://www.cndh.org.mx/Cuales_Son_Derechos_Humanos

D. Hardoon, S. Ayele y R. Fuentes-Nieva (2016) "Una economía al servicio del 1%". Oxford: Oxfam. https://www.scribd.com/doc/295120053/An-Economy-For-the-1-How-privilege-and-powerin-the-economy-drive-extreme-inequality-and-how-this-can-be-stopped#fullscreen&from_embed

http://portal.unesco.org/es/ev.php-URL_ID=13161&URL_DO=DO_TOPIC&URL_SECTION=201.html, 21/09/2019

http://visionofhumanity.org/app/uploads/2018/04/MPI-2018-Press-Release_Mexico.pdf

http://visionofhumanity.org/app/uploads/2018/04/MPI-2018-Press-Release_Mexico.pdf

http://visionofhumanity.org/app/uploads/2019/04/MPI-2019-ESP-Report-web.pdf

http://visionofhumanity.org/app/uploads/2019/07/GPI-2019web.pdf

http://visionofhumanity.org/app/uploads/2019/07/GPI-2019web.pdf

http://visionofhumanity.org/app/uploads/2019/07/GPI-2019web.pdf

http://www.oas.org/es/cidh/docs/anual/2017/docs/IA2017cap.2-es.pdf

http://www.oas.org/es/cidh/docs/anual/2018/indice.asp

http://www.oas.org/es/cidh/prensa/comunicados/2018/097.asp

http://www.oecd.org/centrodemexico/medios/la-supervision-y-evalua-cion-son-esenciales-para-mejorar-la-educacion-mexico.htm

http://www.parlament.cat/document/intrade/6446

http://www.un.org/es/universal-declaration-human-rights/

http://www.un.org/es/universal-declaration-human-rights/

https://www.gob.mx/presidencia/articulos/informe-anual-de-actividades-2017-del-presidente-de-la-comision-nacional-de-los-derechos-humanos

https://www.oas.org/dil/esp/tratados_b-32_convencion_americana_so-bre_derechos_humanos.htm

https://www.oecd.org/centrodemexico/medios/laocdesostienequeesne-cesarioredoblarlosesfuerzosparamejorarlaequidadenlaeducacion.htm

https://www.udlap.mx/igimex/resumenejecutivo.aspx

Organización de la Naciones Unidas, resolución A/RES/53/243 de 1999 A del texto (documento A/53/L.79) (http://www.un.org/News/Press/docs/1999/19990913.ga9590.doc.html)

Organización de las Naciones Unidas (A/RES/52/13) http://www.um.es/paz/resolucion2.html

www.juridicas.unam.mx/legislacion/ordenamiento/constitucion-politi-ca-de-los-estados-unidos-mexicanos

TESIS JURISPRUDENCIALES

Novena Época; Registro: 164509; Instancia: Primer Tribunal Colegiado en Materias Administrativa y de Trabajo del Décimo Primer Circuito; Tesis Aislada; Fuente: Semanario Judicial de la Federación y su Gaceta; Localización: Tomo XXXI, mayo de 2010; Materia(s): Común; Tesis: XI.1o.A.T.45 K; p. 2079.

Novena Época; Registro: 164611; Instancia: Primer Tribunal colegiado en Materias Administrativa y de Trabajo del Décimo Primer Circuito; Tesis Aislada; Fuente: Semanario Judicial de la Federación y su Gaceta; Localización: Tomo XXXI, mayo de 2010; Materia(s): Común; Tesis: XI.1o.A.T.47 K; p. 1932.

El autor

Julio Cabrera Dicio

Doctor en Derecho, por la Benemérita Universidad Autónoma de Puebla, México; Master en Gobernanza Global y Derechos Humanos, por la Universidad de Castilla La Mancha, Toledo, España. Especialista en Gobernabilidad, Derechos Humanos y Cultura de Paz, Universidad de Castilla La Mancha, Toledo, España. Especialista en Responsabilidad Social Empresarial, Universidad de Castilla La Mancha, Toledo, España. Diplomado en Mediación por la Universidad Complutense de Madrid, España; Diplomado en Mediación por la UNAM. Profesor-investigador de tiempo completo, titular C, definitivo, de la Universidad Autónoma del Estado de Morelos. Responsable del cuerpo académico consolidado: Estudios Jurídicos Constitucionales. Integrante del Instituto Iberoamericano de Derecho Constitucional. Doctor *honoris causa,* por el Instituto Mexicano de Líderes de Excelencia; Reconocimiento al Mérito Académico 2014, por el pleno del H. Congreso del Estado de Morelos; Reconocimiento al Mérito Académico 2017, por la Comisión de Derechos Humanos del estado de Morelos. Jefe de la Unidad de Estudios Superiores de Posgrado de la Facultad de Derecho y Ciencias Sociales de la UAEM, y representante de la misma ante la Conferencia Universitaria para el Estudio de la Mediación y el Conflicto, con sede en España; actualmente es jefe del Departamento de Mediación en Justicia Alternativa de la Facultad de Derecho y Ciencias Sociales de la UAEM.

Catedrático en los niveles de Licenciatura, Maestría y Doctorado de la Universidad Autónoma del Estado de Morelos, a partir de 1995. Conferencista, ponente, profesor invitado a nivel nacional e internacional, escritor de varias obras, capítulos de libros y artículos en revistas.

Contenido

Lectura contemporánea de los clásicos

¿Por qué leer a Alamán hoy?

Andrés Lira, Catherine Andrews, Josefina Z. Vázquez

¿Por qué leer a Bentham hoy?

José Juan Moreso, Germán Sucar

¿Por qué leer a Ferguson hoy?

Isabel Wences, José Hernández Prado, Julio Beltrán

¿Por qué leer a Mill hoy?

Mark Platts, Miguel Carbonell, Juan Carlos Geneyro

¿Por qué leer a Rabasa hoy?

Jesús Silva-Herzog Márquez, José Antonio Aguilar, Pablo Mijangos

¿Por qué leer a Rousseau hoy?

Antonella Attili, Luis Salazar Carrión, Julieta Marcone

¿Por qué leer a Smith hoy?

Alfonso Ruiz Miguel, Isaac Katz, Pablo Larrañaga

¿Por qué leer a Tocqueville hoy?

Roberto Breña, Claudio López-Guerra, Jesús Silva-Herzog Márquez

¿Por qué leer a Weber hoy?

Nora Rabotnikof, Ulises Schmill, Gina Zabludovsky

Otros títulos publicados

Amor platónico

Hans Kelsen

Análisis de un examen estandarizado

José Manuel Casillas Domínguez

Derechos humanos. Un camino hacia la pacificación

Julio Cabrera Dircio

Experiencias adversas de la seguridad del paciente

Rosa Ortiz Rivera

Nuestros niños sicarios

Elena Azaola Garrido

En guerra por la vida. Crisis climática y transformación social

Josep Cabayol

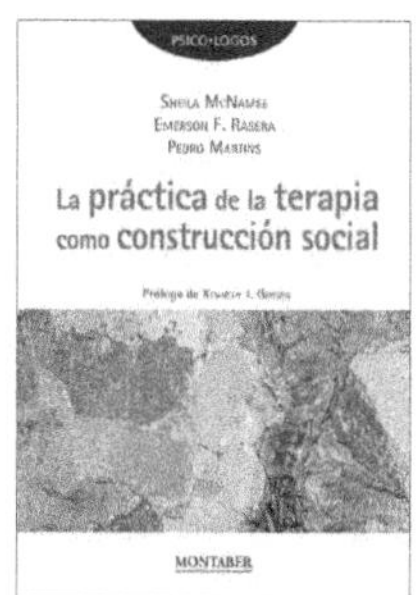

La práctica de la terapia como construcción social

Sheila McNamee, Emerson F. Rasera, Pedro Martins

El imperativo relacional Recursos para un mundo al límite

Kenneth J. Gergen

Ideología y opiniones Estudios de psicología retórica

Michael Billig

MONTABER   Tel. +34-931 429 486 – montaber@montaber.es – www.montaber.es